FACULTÉ DE DROIT DE PARIS

DU

PRÊT A INTÉRÊT

EN DROIT ROMAIN, ANCIEN DROIT

ET EN DROIT FRANÇAIS

PAR

LOUIS-AMAND PICARD

AVOCAT

PARIS

F. PICHON, IMPRIMEUR-LIBRAIRE,

14, RUE CUJAS ET 7, RUE VICTOR-COUSIN

1876

THÈSE

POUR LE DOCTORAT

DU
PRÊT A INTÉRÊT

EN DROIT ROMAIN ET EN DROIT FRANÇAIS.

DES INTÉRÊTS EN GÉNÉRAL

THÈSE POUR LE DOCTORAT

PAR

Louis-Amand PICARD

AVOCAT

L'acte public sur les matières ci-après sera soutenu le
jeudi 15 juin 1876, à midi.

PRÉSIDENT : M. BUFNOIR,

SUFFRAGANTS :
{ MM. MACHELARD,
VUATRIN,
DUVERGER, } PROFESSEURS.
GLASSON,
CAUWÈS, } AGRÉGÉS.

PARIS
F. PICHON, IMPRIMEUR-LIBRAIRE,
14, RUE CUJAS ET 7, RUE VICTOR-COUSIN

—

1876

A LA MÉMOIRE VÉNÉRÉE DE MON EXCELLENTE

ET VERTUEUSE MÈRE.

Regrets éternels.

A MON PÈRE

A Madame CHAUCHEPRAT

Nouvel hommage de mon plus profond respect

A MES AMIS

DU PRÊT A INTÉRÊT

INTRODUCTION.

La question du prêt à intérêt occupe une large place dans l'histoire, la philosophie, la religion, et depuis un siècle, dans l'économie politique.

L'histoire nous fait assister à sa naissance, nous montre les rigueurs excessives des créanciers, nous raconte ces terribles révolutions qui tant de fois menacèrent l'existence même de Rome. Plus tard. au moyen-âge, elle nous décrit ces luttes qui, pour être moins violentes, n'étaient pas moins funestes à la grandeur morale et matérielle de la France.

La philosophie, touchée de compassion pour les débiteurs opprimés par l'usure, s'efforça de soutenir la gratuité du prêt à intérêt. Aristote fut le champion le plus illustre de cette théorie. Or, chose singulière et digne de remarque, les publicistes grecs repoussent toute espèce d'intérêt tandisque les publicistes modernes, s'élevant contre la réglementation revendiquent une liberté absolue.

A la philosophie, vint se joindre, dans la suite, le christianisme, philosophie par excellence tout entière de charité et de dévouement. Sa réprobation contre le prêt à interêt provenait, ainsi que nous nous efforcerons de le démontrer, d'une interprétation inexacte des textes.

Les légistes essayèrent de réglementer cette importante question qui touche de si près à la prospérité des peuples. De nombreuses tentatives ont eu lieu, et l'essai que nous offre à l'heure même les économistes nous semble peu favorable. Par suite, la controverse, dont on ne peut prévoir le terme, continue entre les légistes et les économistes.

Le prêt à intérêt trouve sa réglementation dans le droit civil et commercial, puis sa sanction dans le Code pénal.

Le législateur se montre sévère, dit-on, pour l'usure; il n'est que juste. L'usure à toutes les époques a été une cause de malheurs publics et privés. L'usure porte la ruine et le désespoir au sein des familles entières. L'usurier est un être méprisé. L'assentiment donné à ces affirmations est unanime, et l'écho des âges les plus reculés retentit encore jusqu'à nous pour faire vibrer la même fibre de réprobation.

Avant d'aborder les lois qui nous régissent, il est nécessaire que nous examinions le côté philoso-

phique et le côté historique de notre sujet. Une
loi, d'ailleurs, ne peut être bien comprise que lorsque l'on ajoute à l'examen de ses dispositions
l'étude des faits qui ont donné lieu à sa naissance.
Or, c'est dans l'histoire, cet enseign ment par
excellence, qu'on trouve en quelque sorte l'exposé
des motifs de la législation sur le prêt à intérêt.

DROIT ROMAIN

CHAPITRE PREMIER.

NOTIONS HISTORIQUES.

Le prêt à intérêt se lie étroitement à l'histoire de la constitution romaine. Il est donc nécessaire que nous la connaissions pour apprécier et juger un débat, qui a toujours eu le triste privilége de passionner les esprits, de jeter le trouble et la discorde au sein de la cité et plus tard, de soulever tant et de si savantes controverses.

La constitution romaine était mauvaise. Montesquieu, dans son immortel ouvrage de l'esprit des lois, nous dit : « Le mal tenait tellement à la constitution , qu'elle pensa mille fois en être renversée. (Def. IIe partie, usure). »

Examinons l'exactitude de cette affirmation. Les Latins, les Sabins, les Etrusques composaient l'aristocratie naissante et de leur étroite unité est sortie la classe patricienne.

La classe plébéienne était formée de la réunion

des pâtres, des esclaves, des débiteurs, **enfin des**
fugitifs venus des diverses parties de l'Italie pour
profiter de l'asyle ouvert par Romulus.

Les droits de ces deux ordres étaient bien différents.

Les patriciens étaient les maîtres absolus et
exclusifs du gouvernement. Les lois, la religion,
l'administration de la justice, le commandement
des armées, les honneurs, en un mot, toutes les
fonctions publiques constituaient leur patrimoine;
disons plus, ils en étaient jaloux, au point que
toute union entre eux et les plébéiens était rigoureusement interdite; ce ne fut que l'an 309, que la
loi Canuleia mit un terme à une telle prohibition
établie et sanctionnée par la loi des XII tables :
« Ne connubium patribus cum plebe (1). »

Nul pouvoir n'était accordé au plébéien. Ni la
fortune, ni l'illustration militaire, ni le courage
n'étaient suffisants pour le faire sortir de sa caste
et l'élever au rang des patriciens. Le plébéien était
le client du patron.

C'était surtout par l'organisation de la propriété
et par le mode de perception de l'impôt, que l'aristocratie maintenait les plébéiens dans une étroite
et complète dépendance (2). A l'origine, lorsque les
rois éprouvaient le besoin d'argent, ils parta-

---

(1) Tab. XI, 1. Cicéron *de Republicá II*, 37 et 39. — Gaïus *ad Legem
XII, Tab.* — Dig., *de Verborum signif.* L. 238. — T. I, liv. IV, 1.

(2) Maynz, *Élém. de Droit romain*, 1. — Niebuhr, t. II, *Histoire romaine*, Tite-Live II, 41.

geaient la somme à percevoir par parties égales
entre tous les citoyens riches ou pauvres.

Dans la suite, l'impôt atteignit presque exclusivement les choses *mancipi* (Cicéron pro Flacco
32), d'où cette conséquence que les riches propriétaires des *res nec mancipi* n'étaient pas imposés à
raison de cette partie de leur fortune. Aussi la pé-
nurie du trésor était si grande que les soldats romains non seulement ne recevaient à l'origine aucune solde, mais encore, étaient obligés de s'équiper
et de subvenir à leurs besoins contribuant ainsi de
leur sang et de leur argent à la grandeur naissante
de la République. — L'on nous objectera que les
victoires continuelles devaient par le butin atté-
nuer, si non faire disparaître une telle inégalité.
Mais nous ne voyons pas un partage égal des dé-
pouilles de l'ennemi ; la plus forte part revenait aux
patriciens. En sorte que, pour vivre, le plébéien était
contraint d'emprunter, d'hypothéquer la prochaine
victoire avec son propre fonds, pour nous servir
des expressions d'un historien célèbre. (Michelet).

« L'emprunt, nous dit M. Giraud, est en général
« ruineux pour l'agriculture, pour la petite pro-
« priété surtout, parce que l'intérèt de l'argent
« emprunté dépasse le produit net du fonds pour
« lequel on emprunte, et que l'accroissement du
« capital foncier solde rarement la différence, cette
« vérité incontestable chez les modernes, était en-
« core plus désastreuse chez les anciens, attendu
« que le taux de l'intérèt était plus élevé chez eux

« que chez nous et que les produits de l'agriculture
« étaient alors d'une valeur moindre qu'aujour-
« d'hui. » (Des *nexi*).

L'agriculture constituait la seule richesse de
Rome. Le commerce et l'industrie étaient incon-
nus, aussi lorsque la guerre se prolongeait au-delà
de l'époque où l'on cultive les champs, ceux-ci res-
taient-ils incultes (Niebuhr, T. VI); par suite, il
fallait subir toutes les exigences des patriciens et
avoir recours au blé qu'ils faisaient venir de Sicile (1).

A l'origine, aucune loi ne limitait le taux de l'intérêt ; cette clause du contrat était débattue entre
les parties ou mieux, c'était le créancier qui impo-
sait ses volontés à un emprunteur malheureux. Les
usuriers savent bien que l'on a toujours raison de
l'homme atteint par la gêne, les patriciens ne l'i-
gnoraient pas.

Le *Nexum* était alors le mode le plus ordinaire
de contracter. Les Romains ne connaissaient pas
l'hypothèque, ou du moins ces nuances juridiques
entre la pleine propriété d'un côté et l'aliénation
complète de l'autre. Le créancier recevait l'objet en
pleine propriété avec les formalités requises. Mais
à ce transfert, les parties ajoutaient une modalité.
Par la clause de Fiducie, le créancier s'engageait à
restituer à l'emprunteur une fois désintéressé, la
propriété de l'objet donné.

____

(1) M. Fustel de Coulanges, *la Cité antique*, livre IV, chap. XII ;
Riches et pauvres, page 440.

On voit tous les inconvénients d'une pareille constitution de gage. Le créancier est propriétaire de la chose, il a sur elle le *jus utendi, fruendi, abutendi*, en sorte que le contrat postérieur de fiducie, n'a pas la puissance et l'effet des contrats ordinaires.

Les plébéiens aisés qui momentanément avaient besoin d'argent trouvaient ainsi du crédit. Quant à ceux qui n'avaient rien, on avait inventé un expédient, leurs membres étaient une valeur, ils les engageaient au créancier. Le *Nexum* était la dation en gage de sa propre personne. En réalité c'était une vente par laquelle moyennant quelques pièces d'or, le prêteur acquérait un droit de gage, puis un droit de propriété sur la personne de l'emprunteur, droit dont l'exercice toutefois était suspendu jusqu'à l'échéance. S'il payait, le contrat de *Nexum* était solennellement résolu, le débiteur était dégagé: (*Solutus œre et libra liberatus*). (1)

S'il ne s'acquittait pas de sa dette, sa condition était affreuse, il perdait sa dignité de citoyen, sa liberté, puis la liberté des siens, la *deminutio capitis* le frappait ainsi que ses enfants et petits enfants ils étaient esclaves, ils étaient une chose (2), du moins selon toute vraisemblance.

L'état des *addicti* était encore plus terrible. Ceux-ci ne s'étant pas vendus etaient adjugés (*addicti*)

---

(1) Niébuhr T. II.

(2) Tite-Live II, Chap. 23. — Laferrière, T. I, page 134, *Histoire du droit Français*.

par le préteur à leurs créanciers, mais laissons parler Aulu-Gelle, Nuits attiques, livre XX page 483, *Tabula tertia* 4, 5, 6.

« Que le riche se rende garant pour le riche ; pour
« le pauvre qui voudra. La dette avouée, la cause
« jugée, trente jours de délai puisqu'il soit ap-
« préhendé et mené au juge. Au coucher du soleil
« le tribunal est clos. S'il ne satisfait pas et que per-
« sonne ne réponde pour lui, le créancier l'emmè-
« nera, l'attachera avec des cordes ou avec des
« chaînes ne pesant pas plus de quinze livres. Que
« le prisonnier vive du sien, donne-lui une livre de
« farine au plus, si tu le veux. S'il ne s'arrange pas,
« garde-le soixante jours captif et présente-le en
« justice par trois jours de marché en proclamant
« sa dette. A la troisième publication, s'il y a plu-
« sieurs créanciers, qu'ils le coupent en morceaux.
« Ils peuvent, s'il leur plaît, le vendre au-delà du
« Tibre. *Si plures forent quibus reus esset judicatus,*
« *secare si vellent, atque partiri corpus addicti sibi*
« *hominis, permiserunt.* »

Telle était la loi romaine. — Ce passage d'Aulu-Gelle a sa source dans la troisième des douze tables. On a contesté l'exactitude de ce texte. On a même nié les cruautés qu'il rapporte, mais c'est à tort selon nous, les expressions sont trop claires, pour qu'il puisse y avoir même l'ombre d'un doute.

Faut-il s'étonner, qu'en présence d'une pareille constitution, et sous le coup d'une inégalité aussi

grande et aussi terrible, les plébéiens se soient ré-
voltés ; que des troubles aient éclaté dans Rome.

Est-ce que tous ces maux ne devaient pas forcément amener des séditions ? Salluste lui-même
nous dit :

« Les gouvernants ne demeurèrent fidèles à la
justice et à la modération, qu'autant que Tarquin
fut à craindre et jusqu'à ce que la grande guerre
d'Etrurie fut terminée. Ensuite les Patriciens trai-
tèrent les Plébéiens en esclaves, se jouèrent à la
manière des tyrans de leurs personnes et de leur
vie, les expulsèrent du domaine public et gouver-
nèrent seuls à l'exclusion des autres. Opprimé par
ces excès, écrasé surtout par l'usure, le peuple qui
avait à contribuer de son argent et de ses services à
des guerres continuelles fut enfin poussé à la révolte»
(fragments VII). Tacite n'est pas moins formel :
« Sane vetus urbi fœnebre malum et seditionum
discordiarumque creberrima causa » (annales VI,
XVI).

Et en effet, la révolte apparait, des troubles sur-
gissent. Les concessions des Patriciens font rentrer
les séditieux dans l'ordre, jusqu'au jour où. le peuple
fatigué de l'ancien état de choses, se retire sur le
mont sacré (*secessit in montem*). De cette époque,
date la création des tribunes du peuple dont le *veto*
inflexible força les Patriciens à compter avec le
pouvoir naissant. Nous n'insistons pas sur les conséquences politiques de ces agitations, elles nous
éloigneraient de notre sujet. Ce que nous devons

considérer par rapport à notre travail. c'est que ces révolutions manquèrent le but que leurs auteurs s'étaient proposés. Après chaque révolte les dettes furent remises en totalité ou en partie ; par suite, la position des débiteurs devint de plus en plus affreuse. Le créancier stipulait des intérêts d'autant plus élevés que la crainte de l'abolition des dettes était plus grande. Les Plébéiens voulaient la suppression de l'usure, ils l'augmentèrent ; attendu qu'il fallait payer pour le prêt d'argent, et les dangers plus ou moins grands de perdre le capital. A la loi des Douze tables appartenait le soin de réglementer le taux de l'intérêt.

CHAPITRE II.

DU TAUX DE L'INTÉRÊT.

Sous la législation romaine la somme accessoire, fournie en compensation de l'usage d'un capital dont le propriétaire a été privé pendant un certain temps, s'appelait *usuræ de abusu*, cette expression a soulevé après elle tant de haines que le mot *intérêt* lui a été substitué.

A l'origine, nous le savons, la liberté la plus entière présidait au contrat de prêt. S'il faut en croire Tacite, ce fut la loi des XII tables qui la limita par une sanction : « Siquis unciario fœnore amplius fœnerassit quadruplione luito. » — Caton n'est pas moins explicite, cette sanction n'était donc pas douteuse contre ceux qui dépassaient la limite légale. Quelle était cette limite ? L'obscurité la plus grande enveloppe cette partie de notre sujet ; avant d'exposer les efforts tentés pour faire jaillir la lumière, disons d'abord que Montesquieu XXII. 22, conteste le témoignage de Tacite et de Caton attribuant à la loi des XII tables la première réglementation de l'intérêt. Selon nous ses arguments sont complétement inexacts, en présence des expressions de ces deux écrivains, qui tous les deux savaient la loi des XII tables que l'on enseignait aux enfants nous dit Cicéron, *ut carmen necessarium*. Enfin Asconius lui-même s'exprime ainsi : « Qui convicti « quadrupli condemnari soleant, ut aleæ, aut pecu- « niæ sub gravioribus usuris fœneratæ quam pro « consuetudine. »

En conséquence, nous estimons, que l'on doit reporter à la législation décemvirale la première réglementation du prêt à intérêt. A la vérité, l'œuvre des décemvirs fut impuissante et la cause doit en être attribuée.à la situation politique de Rome.

Malgré la limitation de l'intérêt et la réaction opérée en faveur des plébéiens, les cruautés mises en mouvement contre eux existaient toujours. La loi Pœtilia Papiria *de Nexu* en 427 devait 120 ans après la promulgation de la loi des XII tables combler une lacune réclamée par l'humanité (1). Toutefois les réformes, sur ce point, ne furent pas radicales. Les *Nexi* seuls en profitèrent. Le *Nexus* pouvait éviter la tradition de sa personne, au moyen de l'indication faite sous serment de tous ses biens. On appelait cette indication *juramentum bonæ copiæ* (2). L'esclavage fut maintenu pour ceux qui refusaient d'indiquer leurs biens, et par l'*addictio* pour ceux qui n'avaient pas contracté sous la formalité du *Nexum* (3).

Jules César, par la loi, Juliæ *de bonis cedendis* (706) vint au secours des débiteurs de bonne foi. Les

---

(1) Tite-Live VIII, 28.
(2) M. Giraud, *des Nexi* p. 118.
(3) Tite Live XXIII. N° 14. (Nuits attiques XX. 1).

provinces ne tardèrent pas à bénéficier de dispositions d'abord établies pour Rome seule (1). Quant
au débiteur de mauvaise foi, il resta soumis à l'*addictio* jusqu'à Dioclétien qui décida (294 de J.-C.)
que désormais le débiteur ne serait plus esclave, et
que la détention n'était qu'un moyen de contrainte.
(Cod. Just. Loi 12 oblig. et act.). La conséquence
fut, que cette détention devait se faire dans une
maison publique et non plus chez le créancier.
(Cod. Just. de privat. carcer. inhib.)

Jusqu'au règne de Numa Pompilius l'année romaine était de 10 mois, (304 jours) ceci nous est
attesté par les écrivains de l'antiquité, tels que Tite-
Live, Florus et Eutrope. Ce prince en fixa la durée
à douze mois, 355 jours. « Ille.., annum quoque in
« duodecim menses.., descripsit (2). » « Numa
« Pompilius annum descripsit in duodecim men-
« ses, prius sine aliqua computatione confusum (3). »
Enfin, César réforma le calendrier romain en adop-
tant l'année solaire de 365 jours au lieu de l'année
lunaire établie par Numa.

La loi des XII tables décida que l'intérêt ne
pourrait dépasser l'unciarium fœnus, « Primo duodecim tabulis sanctum ne quis unciario fœnore
amplius exerceat (4). »

Qu'était-ce que l'unciarium fœnus ? Telle est la

---

1) Cod. Just. VIII. 71. 4,
(2) *Florus epitom.*L. I, chap. 2.
(3) *Eutropius breviar.* L. I, chap. 3.
(4) Tacite *Annales*, Livre VI, N° 16,

question dont l'étude a passionné et mis à la torture la sagacité des savants ; historiens, philosophes, jurisconsultes ont tour à tour, essayé vainement de faire jaillir la lumière. Nous nous contenterons d'exposer brièvement les quatre systèmes
proposés.

Une première opinion développée par Saumaise,
puis acceptée par Pothier, enseigne que l'unciarium
fœnus équivalait à *un* pour cent par an (uncia centieme du capital) nous n'insisterons pas sur cette
théorie aujourd'hui à peu près entièrement abandonnée. Demandons-nous toutefois comment un
intérêt de 1 pour cent eut causé ces terribles révolutions qui pendant tant d'années agitèrent la cité,
ne serait-ce pas la négation même de l'histoire et
des souffrances atroces endurées par des débiteurs
malheureux, écrasés par l'usure et qui arrachait à
Tacite cette triste exclamation que nous avons
citée. Enfin, cette doctrine est en opposition flagrante avec l'économie politique.

Un deuxième système, également peu accrédité
et que le savant annotateur de la Coutume du
Nivernais, Coquille avait défendu, déclare : que
l'*unciarium fœnus* était le taux de 100 0/0. Ce
n'est pas admissible, ni même sérieux. « Les affaires, dit M. Troplong, qui rapportent capital pour
capital sont si rares qu'une loi serait absurde, si
elle les prenait pour sa boussole. »

Les deux autres théories sont beaucoup plus
sérieuses. L'une celle de M. Niebuhr soutenue par

MM. Troplong. Ortolan, et Fresquet déclare que l'*unciarium fœnus* correspond au denier douze par an ou 8 1/3 0/0 par an. Voici en résumé l'argumentation.

A Rome l'unité monétaire était l'*as*, (quantité de cuivre à l'origine) qui se divisait en douze *unciæ*. L'*uncia* était ainsi la douzième partie du capital, as pris pour type, soit 8 1/3 0/0, et comme l'année romaine était alors de dix mois, on arrive au chiffre de 10 0/0 pour l'année ordinaire. A Athènes au contraire, qui était adonnée au commerce, où les idées économiques étaient plus avancées, l'unité de temps pour la perception de l'intérêt était le mois. A Rome, il était calculé par année, les échéances trop courtes convenant peu à un peuple toujours occupé à la guerre.

Ainsi la loi des XII Tables en défendant « ne quis « unciario fœnore amplius exerceret, » réduisit à un once au lieu de plusieurs l'intérèt qu'on pouvait exiger du capital prêté. Pour appuyer sa théorie Niébuhr s'appuie sur un texte de Festus ainsi conçu : « Unciaria lex dici cæpta est quam L. Sulla « et Q. Pompeius tulerunt qua sanctum est ut « debitores decimam partem... » La suite a été perdue et Niébuhr propose de la compléter en ces termes : sortis annuis penderent. » Enfin il se base sur deux fragments d'Ulpien savoir les paragraphes 12 et 13, t. VI.

D'abord, dit une dernière opinion, le texte de Festus n'a aucune valeur, il est incomplet, et le

complément proposé est pour le moins fantaisiste.
S'appuyer sur un texte que l'on complète, le tout
dans l'intérêt de sa doctrine, c'est construire sur
des fondations bien fragiles. Quant à la distinction
de Rome et d'Athènes en tant qu'il s'agit du taux
et du mode de paiement de l'intérêt, elle semble
peu exacte. Les législateurs Romains, nous le
savons, avaient emprunté les lois à la législation
athénienne, et quoi de plus naturel qu'ils eussent
fixé le même taux d'intérêt qui existait dans l'At-
tique.

Enfin, cette dernière interprétation raisonne à
peu près ainsi : Les Romains regardaient comme
un entier *as* un composé de douze parties. Ils dédui-
saient de ce nombre la raison d'une division quelconque. Uncia était le douzième de l'as et de toute
unité, de là est venu l'as héréditaire, l'as usuraire,
parce qu'il avait ses douze *unciæ* par chaque
année.

Quant au mode de paiement il avait lieu chaque
mois. Les écrivains de l'antiquité sont unanimes
pour nous entretenir sans cesse de ces tristes
calendes, objet d'effroi pour les malheureux débiteurs.

Puis n'est-il pas vraisemblable que, les décemvirs qui s'inspirèrent tant de la législation Athénienne, aient poussé leur amour de l'imitation jusqu'à lui emprunter le taux de 12 0/0.

Enfin, la centésime est très-souvent qualifiée
d'*usura legitima*, est-il possible d'affirmer qu'elle

soit d'invention prétorienne ? Est-ce que cette expression n'appartient pas seulement aux institutions dérivant de la loi des XII Tables ? *Legitima hereditas, legitima tutela,* et après une réfutation un peu embarrassée des deux passages de Festus et d'Ulpien, cette doctrine qui est celle de Sigonius, de Gravina conclut en décidant que l'*unciarium fœnus* équivaut au 12 0/0 par an et à l'un 0/0 par mois.

Cette dernière théorie confond les diverses périodes de l'histoire romaine. Nous croyons devoir en conséquence nous rallier à l'opinion de Niébuhr, qui affirme que l'expression *unciarium fœnus* de la loi des XII Tables, doit être traduite par ces mots : Intérêts du douzième du capital.

Le taux de l'intérêt ne cessa d'être une cause de révoltes. En 378 une loi Licinia enjoignit : 1º De déduire du capital ce qui avait été payé avec usure ; 2º que le surplus serait acquitté par fractions égales dans le délai de trois ans. Vingt ans après, les tribuns Duilius et Mœnius furent obligés de rappeler les citoyens à l'observation de la loi des XII Tables.

En 408, sous les consuls Titus Manlius et Caius Plautius, le taux de 12 0/0 fut abaissé à 6 0/0. Enfin sous le consulat de Martius Rutilius et de Quintus Servilius, une loi déterminée qu'elle fut par le tribun du peuple Lucius, Jenutius, interdit l'usure.

Toutes ces mesures étaient éludées par l'entremise des Latins ou alliés ; la loi Sempronia mit un terme à ce détour. Les préteurs eurent recours aux provinciaux. La fraude fut encore déjouée par la loi Gabinia. En conséquence à l'époque de Cicéron le sénat rétablissait législativement le taux de 12 0/0 par an. Le grand orateur romain le déclare dans une de ses lettres à Atticus, V § 21. « Senatus con-« sultum modo factum est in creditorum causâ ut « centesimæ perpetuo fœnore solverentur, cente-« sima usura dicebatur quia sortis centesima pars « erat usura menstrua. » Cujas, 10, 649.

Cet intérêt prit le nom de *centesima usura*, se payant par fraction ordinairement au commencement de chaque mois, c'est-à-dire par douzième à l'époque des Calendes : Nous lisons dans la loi XXVI Code de Just. *de usuris :* « Exploratum et illud « centesimam usuram fuisse qui in nummas cen-« tenos, singulos nummos, singulis mensibus « præstarel. » L'intérêt sur un capital de cent écus représente un écu par mois, c'est bien douze écus par an ou les douze centièmes du capital. Horace nous montre également le retour des Calendes comme une échéance fatale pour le malheureux débiteur.

Le taux de 12 0/0 par an était rarement fixé, le plus grand nombre des prêts étaient conclus au taux de 6 0/0 et même au-dessous. La peine édictée contre ceux qui percevaient un intérêt illégal était celle du quadruple, remplacée dans la suite par une amende édilitienne : « Judicia eo anno populi tris-

« tia in fœneratores facta, quibus ab ædilibus dicta
« dies esset traduntur. » (Tite, live, VII, 28).

Gênée par de semblables prohibitions, l'usure,
nous le savons, se réfugia dans les provinces où
l'intérêt de l'argent était illimité. L'histoire nous
montre Verrès prêtant en Sicile à 24 0/0 par an.
Brutus en Chypre à 48 0/0 et Pompée à 75 0/0. (Cicéron, *ad Atticum*, VI, 1 § 2, *in Verrem*, III, 71).

Jusqu'à Justinien le taux légal fut de 12 0/0 par
an. Cet empereur apporta de nombreuses modifi-
cations, qui feront l'objet d'une étude particulière.

Telle était la situation du prêt à intérêt sous la
législation romaine.

A Athènes au contraire, la liberté la plus grande
présidait à ce contrat, l'intérêt atteignit à un taux
exhorbitant 36, 48 0/0 — 12 0/0 était le plus ordinaire et le moins élevé. Or, cette élévation de l'intérêt fut loin de provoquer des révolutions semblables à celles qui agitèrent la cité romaine. La cause
en est tout entière dans la différence économique
et le caractère des deux peuples. « La Grèce par sa
situation topographique était naturellement conduite à être un pays de commerce et, partout où
domine ce caractère, l'élévation de l'intérêt n'étonne
personne ; elle est considérée comme un des acci-
dents que l'industrie rencontre à chaque pas. Au
contraire, à Rome, le peuple a commencé par être
exclusivement agricole, et même lorsque la conquête de l'Orient eut développé à Rome l'esprit

commercial, le caractère de la nation conserva la vigoureuse empreinte des premiers temps. A la fin de la République, Cicéron disait encore que rien de généreux, de libéral ne pouvait sortir d'une boutique. Aussi le commerce, au moins le petit commerce était-il ordinairement confié à des esclaves. Dans le même passage, Cicéron, faisant la distinction des professions suivant le degré d'honorabilité qui leur appartenait, plaçait les prêteurs à intérêts parmi les personnes exerçant un vil métier. parce qu'ils s'exposent à la haine des hommes : *quia in odia hominum incurrunt* (1). »

---

(1) M. Batbie, *Mélanges d'économie politique* p. 29 et 30.

CHAPITRE III.

DES INTÉRÊTS EN GÉNÉRAL.

L'intérêt est donné au créancier pour le dédom-
mager de la privation que le débiteur lui fait éprouver en retenant l'argent qu'il doit. Telle est la définition de M. Maynz.

Est-elle exacte, ou mieux, est-elle complète ? nous
ne le pensons pas. L'étude historique que nous
venons de faire nous le prouve clairement. Le créancier n'éprouve pas seulement la privation de son
capital, il court de plus les chances de le perdre, et
le taux est plus ou moins élevé, suivant l'importance des risques. En conséquence, nous estimons
que l'intérêt est fourni tout à la fois, en vue de la
privation et des dangers de perdre la somme prêtée.

On distingue deux grandes classes d'intérêts.

1° Les intérêts conventionnels ;

2° Les intérêts légaux.

Nous étudierons séparément ces diverses espèces
d'intérêts.

CHAPITRE IV.

INTÉRÊTS CONVENTIONNELS.

§ 1. *Naissance et formation du prêt à intérêt.*

A Rome, le prêt à intérêt, s'appelle *fœnus* et l'argent prêté *pecunia fœnebris* ou *fœnerata*. Le mot *fœnus* vient, nous dit, Aulu-Gelle XVI, 12 de *Fœtus* par analogie du grec τοκος fruit. Les Romains se servaient aussi de l'expression *usuræ*, son exactitude est beaucoup plus grande que celle de *fœnus*. Loi 60, pr. D. *pro socio :* « cum ea pecunia ipse usus « sit usuras quoque cum præstare debere Labeo, « ait. »

Le prêt à intérêt, ne pouvait être formé que par la combinaison et l'accouplement en quelque sorte de deux contrats, la *stipulation* et le *mutuum*.

Le mutuum était un des contrats *qui re perficiuntur*, c'est-à-dire, une de ces conventions, où la remise de la chose constituait cette *causa civilis obligationis* nécessaire pour qu'il y eut sanction du rapport obligatoire. La dation seule de la chose faisait naître au profit du prêteur l'action du mutuum. Ces principes différent de notre Code civil, exigeant le seul consentement des parties.

Le *mutuum* constitue le simple prêt. Par la stipulation, on convenait des intérêts. Lorsque nous employons le mot stipulation, c'est afin de bien

montrer que, nul pacte, nulle convention, n'é-
taient suffisants; il fallait une stipulation expresse
et régulière. Telle était l'exigence des contrats
stricti juris. (Pauli sententiæ de usuris. Loi 2,
titre 14, § 1. — Loi 3 du Code *de usuris*).

Dans le prêt d'argent, cas le plus fréquent du
mutuum, la tradition avait lieu *per æs et libram*.
Au lieu de compter les espèces on les pesait. Dans la
suite, lorsque les Romains commencèrent à frapper la monnaie, la numération des espèces fut suffisante. Mais l'emprunteur n'était tenu de rendre
que ce qu'il avait reçu. « Re enim non potest obligatio contrahi nisi quatenus datum sit (1). » Il
existait un *negotium stricti juris;* en conséquence,
si le prêteur exigeait plus qu'il n'avait donné, l'emprunteur pouvait l'écarter par la *plus petitio* et lui
faire perdre la totalité de sa créance. Telle était la
règle du *mutuum*. Toute addition en changeait le
caractère et le nom. « Mutui autem obligatio in his
rebus consistit, quæ pondere, numero, mensurave
constant, veluti vino, oleo, frumento, pecunia nu-
merata ære, argento, auro : quas res aut numeran-
do, aut metiendo, aut adpendendo in hoc damus
ut accipientum fiant, et quoniam nobis non eædem
res, sed aliæ ejusdem naturæ et qualitatis reddun-
tur (2). »

C'est alors que l'on eut recours à la stipulation,

---

(1) Loi du 17 Dig. *princip. de pactis.*
(2) *Institutes* L. III. T. XIV, *princ. quibus modis re contrahitur obli-*
gatio.

contrat verbal : « Verbis obligatio contrahitur ex interrogatione et responsione, cum quid dari fieri nobis stipulemur. » En sorte que pour le prêt à intérêt, il suffisait, après la dation ou remise des espèces à l'emprunteur, que celui-ci prit l'engagement verbal sur l'interrogation du prêteur, de payer à telle échéance et à tel taux, les intérêts de la somme prêtée. Par ce moyen, le prêteur jouissait de deux actions pour la garantie de ses droits; l'action du *mutuum* (condictio ex mutuo) par laquelle il obtenait la restitution du sors ou capital prêté; l'action de la stipulation (condictio ex stipulatu) au moyen de laquelle il se faisait attribuer les intérêts promis. Telle était la règle. La pratique était un peu différente, on faisait en sorte d'obtenir le tout par l'action de la stipulation D. Loi 40, *de rebus creditis* : Loi 126, §, 2 *de verbor. oblig.* On ajoutait la seconde stipulation de la somme prêtée, pour éviter au créancier la nécessité de prouver qu'il avait transféré la propriété des écus prêtés. — Le contrat de prêt était souvent gratuit, il devenait onéreux pour l'emprunteur, à partir d'une époque postérieure, souvent l'échéance primitivement fixée. Les intérêts couraient de plein droit à partir de cet instant ; c'était comme une sorte de peine imposée à l'emprunteur, qui n'avait pas exécuté son engagement. (Dig., Loi 40 *de rebus creditis*).

A la règle générale que nous avons exposée, existait plusieurs exceptions, d'après lesquelles, un simple pacte suffisait pour faire couvrir les intérêts.

1º Lorsque l'objet du prêt consiste en choses autres que de l'argent monnayé, par exemple en fruits, ou en choses non fongibles, destinées à être vendues. (Cod. Just., Lois 12 et 23 *de usuris*.)

2º Lorsque les villes prêtent de l'argent, les intérêts sont dûs en vertu d'un simple pacte. (Dig., Loi 30, *usur.*)

3º De même pour les sommes dues au fisc, lorsqu'il succède à une créance ayant appartenu à un particulier et qui ne produisait pas intérêts, ou en produisait de moins élevés, il peut exiger les intérêts à six pour cent à partir du moment où le transfert de la créance a été reconnu par le débiteur, Dig. Loi 6, *de jure fisci*. — Loi 17, § 6, *de usur.* — Le cessionnaire du fisc a les mêmes droits et peut exiger les intérêts qui n'ont pas été stipulés (Dig., loi 43, *usur.*). J'ajouterai, pour en finir avec le fisc, qu'il avait de plus le privilége lorsqu'il était lui-même débiteur, de ne point payer d'intérêts, à moins qu'il ne fut cessionnaire d'un particulier qui en devait. (Dig., loi 17, § 5, *usur.*)

Ces deux dernières exceptions s'expliquent par la faveur dont jouissaient le trésor public et celui des cités.

4º Lorsque le prêt était fait par un argentarius (Novel. 136, chap. 4.)

5º Enfin pour le prêt maritime il n'était besoin

que d'une simple promesse d'intérêts. (Dig., loi 7, *de nautico fœnore.*

Dans les contrats *bonæ fidei* un pacte était suffisant pour créer des intérêts. (Loi 5 du Code *de pactis inter emptorem et vendit.* « Initio venditionis si pactus est, ut is, cui vendidisti possessionem, pretii tardius exsoluti tibi usuras pensitaret, non immerito existimas etiam eas tibi, adito præside provinciæ, ab emptore præstari debere. Nam si initio contractus non es pactus, si cœperis experiri, deberi ex mora duntaxat usuras, tam ab ipso debitore, quam ab eo, qui in omnem causam empti suam fidem adstrinxit, de jure postulabis. »

Le contrat de prêt pouvait se former par l'écriture. Nous en sommes persuadés, malgré l'obscurité qui règne sur ce point, le créancier mentionnait sur son codex le capital prêté, parmi les créances actives. Le débiteur de son côté, l'inscrivait à son passif, tous deux y ajoutaient sans nul doute la mention des intérêts convenus (1) et leurs échéances. Ces *nomina transcriptitia* produisaient une obligation *stricti juris* comme celle créée par la stipulation. Une *condictio* était accordée au créancier. Les pérégrins pouvaient contracter au moyen des *chirographæ* et des *syngraphæ*. Les *nomina transcriptitia* ainsi que les *syngraphæ* disparurent, seul l'usage des *chirographæ* fut maintenu.

---

(1) Les censeurs (institués en l'an 310) étaient chargés de recevoir le serment des citoyens sur la fidélité de leurs registres, *de fide tabularum.* Denys d'Halicar. Lib. IV.

Dans les contrats de droit strict, la stipulation était nécessaire, nous le savons, pour faire courir les intérêts. Au contraire, dans les contrats de bonne foi un simple pacte suffisait. Ainsi, par suite d'un dépôt ou d'un mandat, vous êtes débiteur envers moi d'une somme de mille sesterces ; alors, par un simple pacte, vous serez emprunteur et me devrez les intérêts que nous conviendrons. Le débiteur, on le comprend, peut avoir un grand intérêt à changer ainsi le titre de son obligation, il peut acquérir notamment la disposition qu'il n'avait pas de la somme due, le créancier également peut y trouver son profit.

Nous avons dit qu'en droit romain la volonté des parties ne suffisait pas pour donner à une convention sa force obligatoire. On arriva toutefois au moyen d'un détour à peu près au même résultat partant de ce principe que le pacte ajouté au contrat de bonne foi fait partie de ce contrat même et jouit de l'action qui lui est attribuée, on peut, par une simple convention, s'assurer tous les bénéfices d'un prêt à intérêt sous les apparences d'un autre contrat. Ce moyen facile de rendre productifs les capitaux engagés dans différentes affaires devint bientôt à Rome d'un usage très-fréquent. (Dig. XVI, III, 26, § I, 28, *depositi vel contra*. Dig., loi 24, *prescrib. verbis*.)

Ordinairement, les intérêts conventionnels courent du jour de la convention. Cependant rien n'empêche que celle-ci soit faite pour n'avoir effet qu'à partir d'un certain terme, ou à partir de la réalisation d'une certaine condition, ou bien a titre de peine, si le débiteur ne payait pas telle somme au jour fixé par le contrat.

§ 2. *Preuve, limite et extinction du prêt à intérêt.*

Examinons de quelle manière se prouvait le prêt à intérêt. En principe, aucun écrit n'était nécessaire à Rome, pour prouver l'existence d'un contrat. Cependant, si un *instrumentum* avait été rédigé, pas de difficulté; cet acte faisait la loi des parties; mais l'omission de cette mesure ne portait pas atteinte à son existence, dès lors qu'il était établi que la convention avait pris naissance conformément au droit, les intérêts étaient dus. (Loi I, au Code *de usuris* : « Si interrogatione præcedente promissio usurarum recte facta probetur : Licet instrumento conscripta non sit, tamen optimo jure debentur. »

Il existait même des cas où la loi supposait l'existence de cette convention régulière au profit du prêteur. C'était, lorsque les intérêts avaient été payés régulièrement pendant un certain nombre d'années par le débiteur. On ignore pendant combien de temps le service des intérêts devait être effectué pour constituer cette présomption légale : « Quum de in rem verso cum herede patris

« vel domini ageretur, et usurarum quæstio mone-
« retur, imperator Antoninus ideo solvendas usuras
« judicavit, quod eas ipse dominus vel pater longo
« tempore præstitisset. » (Dig. loi pr. *usus*.)

Quelques jurisconsultes se basant sur plusieurs textes du *corpus juris*, contradictoires avec celui que j'ai cité,. ont prétendu que ce dernier n'autorisait nullement la conclusion qu'en ont tirée la majorité des auteurs ; qu'il s'agissait dans ce texte de savoir, si la somme due était entrée dans le patrimoine du père, ou du maître, ce qu'Antonin jugeait suffisamment prouvé par le paiement des intérêts. Cette interprétation est réfutée, comme le fait remarquer Pothier, par les termes mêmes de notre loi... *Et usuram quæstio moveretur*. Nous nous appuyons incidemment sur le témoignage de Cujas : « Longa præstatio tacitam pactionem inducit (1.) »

En principe, lorsque le créancier produit un titre constatant sa créance, c'est au débiteur à prononcer sa libération. En matière de prêt d'argent, le créancier devait faire quelque chose de plus. On présumait que le besoin d'argent enlevait à l'emprunteur sa libre volonté et le laissait à la merci du capitaliste, qui pouvait exiger la signature de l'engagement avant la remise des espèces, et ensuite refuser de les livrer. L'exception *non numeratæ pecuniæ* fut introduite dans le but de déjouer cette fraude présumée du créancier. Il suffisait au débi-

---

(1) C. J. 11. 6. 8, *De usuris* et Dig. loi 13 pr. h. tit.

teur actionné en paiement d'un capital, de l'invoquer, pour mettre à la charge du créancier la numération des espèces. (Gaius IV. 116. — Loi 13, *non
numerat. pec.*)

Enfin, pour avoir droit à des intérêts, il fallait
que le créancier apportât la preuve que le taux en
avait été fixé d'avance entre lui et le débiteur (Dig.
lois 31, 41, § 2 *de usuris.*) Si l'intention des parties
avait été de s'en rapporter pour cette fixation à
l'usage des lieux, les intérêts étaient dus conformément à cet usage (Dig., loi 34, *de reg. jur.*)

Malgré les lois prohibitives de l'usure, les agioteurs continuaient à l'exercer sous des apparences
variées, déjouant ainsi l'esprit honnête des jurisconsultes. Un des procédés les plus usuels, consistait à stipuler à titre de peine, et faute de paiement
à l'échéance, le double ou le quadruple de la somme
prêtée ; (Cod. loi 15, *usur.* Dig., loi 44, *usur.*), ou
bien, on calculait les intérêts sur une quantité fic-
tive, dont en réalité, le débiteur ne touchait qu'une
partie (Cod. loi 26, § 1, *usur.*) — Enfin, on prêtait
en argent, et comme les intérêts des céréales étaient
illimités. on stipulait que le remboursement aurait
lieu en une espèce de denrées. (Cod. loi 14, *de usur.*)

Lorsque des intérêts avaient été stipulés d'une
manière quelconque au-dessus du taux légal, on
réduisait la stipulation au taux fixé par la loi (Dig.
loi 29, *usur.*)

La peine du quadruple établie par la loi des

Douze Tables n'avait plus d'existence, elle était tombée en désuétude.

En cas de paiement d'interêts illicites, l'imputation se faisait sur le capital, et si le remboursement de la somme prêtée avait eu lieu, le débiteur avait le drcit d'intenter l'action en répétition, c'est ce que nous déclare l'empereur Philippe, dont la loi 18 au Code *de usuris*, mit fin à une controverse sur la possibilité d'exercer la répétition. « Indebitas « usuras, etiamsi ante sortem solutæ non fuerint « ac propterea minuere eam non potuerint, licet « post sortem solutam creditori fueri t datæ, ex- « clusa veteris juris varietate repeti posse perpensa « ratione firmatum est. »

Une nouvelle restriction apportée à la liberté des conventions avait trait à l'anatocisme qui consistait à faire produire des intérêts aux intérêts euxmêmes. Une telle prohibition était donc de toute justice, si l'on songe que dans huit ans le capital est doublé, les intérêts étant de douze pour cent par année. Cicéron, dans son gouvernement de Cilcie, avait permis de joindre au capital l'intérêt échu de l'année *Anatocismus anniversarius* (1). Mais un sénatusconsulte rendu à cette époque, prohiba l'anatocisme d'une manière formelle, en statuant : « Ut centesimæ perpetuo fænore duce- « rentur. » Cette défense fut plusieurs fois renouvelée par de nombreuses constitutions impériales

---

(1) Cicéron *ad Atticum*, V. 21, 11, 12. — VI 1, 5, 3.

qui défendirent rigoureusement tout intérêt composé et les moyens mis en œuvre pour l'exercer (1).

Le tuteur et le mandataire qui avaient employé à leur usage les intérêts des sommes dues au mineur et au mandant, étaient débiteurs vis-à-vis eux des intérêts des intérêts, ainsi perçus et détournés à leur profit (2).

Pour prêter et pour emprunter il faut être capable. La capacité exigée, était celle nécessaire à la perfection du contrat de mutuum. Cependant, à cette règle formulée d'une manière générale, il existait plusieurs exceptions.

Les gouverneurs de provinces et les officiers attachés à leur service, ne pouvaient prêter à intérêt dans le ressort de leur administration. La même prohibition s'étendait aux sénateurs; sous Arcadius, il leur fit permis de stipuler un intérêt de six pour cent, *usque ad semissem centisimæ*.

Il nous reste à étudier le sénatus consulte macédonien et le *Nauticum fœnus*.

I. — Les auteurs sont partagés sur l'époque où fut établi ce sénatus consulte. Les uns, le placent sous le règne de Claude. Tacite même nous dit : « Et lege lata sævitiam creditorum coercuit ne in « mortem parentum pæcunia filiis familiam fœnori « darent. » Ann. de Rome 779.— Suétone, au con-

___

(1) Dig. 29, 15, *de usuris.* Code Just., loi 20, *ex quibus causis infam.* Loi 28 au Code *de usuris.*

(2) Dig. loi 10 § 3, *mandati vel contra.* — Loi 7, § 12. Dig. *de administ. et peric. tutorum.* Loi 58, § 4, Dig. *cod. titul.*

traire, soutient qu'il fut promulgué sous le règne de Vespasien. Enfin d'autres affirment que promulgué sous Claude, il fut renouvelé sous Vespasien.

Le nom de ce sénatus consulte lui vient, disent certains auteurs, d'un fils de famille qui tua son père pour payer ses dettes avec l'héritage paternel. D'autres prétendent qu'il a pour origine un usurier fameux appelé Macedo qui prêtait de l'argent aux fils de famille.

Sans nous arrêter à ces difficultés historiques, recherchons en quoi consistait ce sénatus consulte.

Toute action civile en remboursement était refusée au prêteur et à ses héritiers, quand le prêt avait été fait à un fils de famille. « Placere, ne cui, qui filio familias mutuam pecuniam dedisset, etiam post mortem parentis ejus, cujus in potestate fuisset, actio petitioque daretur, ut scirent, qui pessimo exemplo fœnerarent nullius posse filii familias bonum nomen expectata patris morte fieri. » (Loi 1, pr. Dig. *Senat. cons. Maced.*) Si le prêteur réclamait en justice le remboursement de la somme prêtée, il était repoussé par l'*exceptio Senatus consulti Macedoniani*. Si l'action civile n'existait pas, par contre, l'action naturelle pouvait lui appartenir, en ce sens que l'emprunteur fils de famille ne pouvait plus, après avoir acquitté sa dette, exercer la *condictio indebiti*. « Quia naturalis obligatio manet. (1) »

____

(1) Dig. *de Sen. Consult. Macedoniano* loi 10.

Cette loi prohibait seulement le prêt d'argent, les autres contrats et même les prêts de quantités autres que ceux d'argent étaient permis, pourvu toutefois qu'ils ne cachassent pas une fraude faite à la loi.

En conséquence, pour que l'exception du sénatus consulte puisse être invoquée, il faut : 1° qu'il y ait eu réellement prêt d'argent ; 2° que l'emprunteur ait été sous la puissance paternelle au moment où la convention a été arrêtée ; alors, l'exception pourra être opposée en tout état de cause.

Le bénéfice du sénatus consulte est refusé dans les circonstances suivantes :

1° Lorsque le fils de famille s'est frauduleusement fait passer pour *sui juris*; 2° Si *sui juris*, il a réconnu la dette tacitement ou expressément. Il peut être toutefois poursuivi jusqu'à concurrence de ses pécules castrens et quasi-castrens; 3° si le père a consenti au prêt ou l'a ensuite ratifié tacitement ou expressément; 4° lorsque l'argent a été employé au profit du père ; 5° Dans le cas où le prêteur croyait de bonne foi que son emprunteur était *sui juris* (1).

Le *Nauticum fœnus* était l'intérêt de l'argent destiné aux entreprises maritimes, ce genre de contrat étais susceptible de rapporter de gros bénéfices, mais par contre, il pouvait entraîner des pertes très-considérables. — On appelait *trajectitia pecu-*

---

(1) Digest. Livre XIV. TiTre V.. *de Senatus consulto Macedoniano*.

nia l'argent ainsi risqué soit dans l'achat de marchandises destinées à être transportées au delà des mers, soit dans l'armement du navire. Mais pour que le *Nauticum fœnus* existât, il fallait une convention expresse, laquelle ne prenait effet qu'à partir de l'instant où le navire appareillait et se continuait pendant tout le temps du voyage, c'est-à-dire pendant que les risques de l'entreprise existaient. En cas de naufrage ou de destruction des marchandises, le prêteur ne pouvait rien réclamer.

Quant à l'action attribuée à ce prêt à intérêt, M. Vernet, ainsi qu'un grand nombre d'auteurs, soutiennent que les Romains avaient considéré le *Nauticum fœnus* comme un *mutuum* régi par des règles spéciales, que dès lors, la *condictio* devait être accordée tant pour le capital que pour le profit maritime.

Le taux pouvant être stipulé était très-considérable, vu l'absence de limite dans la réglementation. On ajoutait aussi une clause pénale pour le cas de non remboursement au jour indiqué, mais dès que les risques cessaient, le navire étant arrivé, on rentrait dans le droit commun.

Le contrat de prêt à intérêt s'éteignait :

1º Par le paiement volontaire ou forcé, réel ou civil, telles que la compensation et la novation (1).

De cette règle générale, nous devons excepter la novation produite par la litis contestation : « Lite

---

(1) Dig. loi 178 *de reg. juris.*—Loi 7, *usur.* Dig. Loi 40, *usuris*, loi 18, *Novat.*

contestata usuræ currunt. » Dig., Loi 25, *Usur.*

Indépendamment de ces modes généraux d'extinction des contrats et obligations, indépendamment de l'acceptilation et de la prescription, nous trouvons les offres réelles suivies de consignation. La loi 19 au Code *De usuris* fixe les conditions requises de validité d'une pareille libération. Elles sont les mêmes que pour un paiement valable, moins toutefois l'acceptation du créancier. En cas d'absence de ce dernier, le débiteur devait requérir du président de la province la ratification de la procédure. Les intérêts cessent de courir lorsqu'ils atteignent une somme égale au capital qui lés a produits. (Dig. Loi 26 *Cond. indeb.* — Code Justinien, Loi 10, *Usur.*).

CHAPITRE V.

INTÉRÊTS LÉGAUX

Nous avons examiné les intérêts *quæ in obligationem sunt*, étudions maintenant ceux *quæ ex officio judicis præstantur*.

Cette grande classe d'intérêts était ainsi désignée à Rome à cause de l'intervention nécessaire du magistrat pour lui donner naissance. Mais il fallait que le réclamant stipulât les intérêts dans sa formule, en sorte que les intérêts légaux ne prenaient naissance qu'à la suite d'un acte judiciaire, jugement ou mise en demeure régulière. Il faut donc bien se garder de croire qu'ils provenaient de la loi seule et en dehors de tout acte judiciaire : « Lite contestata usuræ currunt. »

Les intérêts légaux peuvent être dûs, soit par suite de la demeure, soit en vertu d'un privilége conféré à certains créanciers, soit à cause de la nature de l'obligation principale.

§ I. — *Intérêts moratoires.*

Sous la législation romaine, le créancier avait droit aux intérêts de la somme d'argent par lui prêtée, à compter du jour de la mise en demeure.

A quel moment existait la mise en demeure ?

Au premier aspect il semble que la réponse vienne d'elle-même. A Rome, nous trouvons sur ce point une véritable difficulté en tant que définition, nous lisons en effet : « Mora fieri intelligitur non ex re, sed ex persona, id est, si interpellatus opportuno loco non solverit, quod apud judicem examinabitur. Nam ut et Pomponius libro duodecimo epistolarum scripsit, difficilis est hujus rei definitio. Divus quoque Pius Tullio Balbo rescripsit an mora facta intelligatur, neque constitutione ulla, neque juris auctorum quœstione decidi posse, cum sit magis facti, quam juris. » Malgré cette difficulté, il fallait pour que la mise en demeure existât véritablement, que le débiteur fut en faute. Il ne suffisait pas que le paiement n'ait pas eu lieu à l'échéance, il fallait qu'il y ait eu sommation par le créancier au débiteur de payer ; *interpellatus opportuno tempore et loco*, à moins que par suite de circonstances toutes particulières, la demeure n'ait lieu de plein droit sans sommation, notamment en cas de vol et de retard considérés comme une inexécution complète.

Les intérêts moratoires couraient donc du jour de la mise en demeure opérée par le créancier, à l'effet de recouvrer une somme d'argent placée dans les mains d'un tiers qui devait être nécessairement en faute, l'échéance n'étant pas considérée comme une faute.

Ensuite, il fallait qu'un dommage réel eut été

causé au créancier par suite du retard apporté par le débiteur à s'acquitter de son obligation ; d'où cette conséquence, que les intérêts moratoires n'étaient adjugés au prêteur que dans les dettes d'argent, la justification d'un dommage n'était pas alors nécessaire. Par contre, s'il s'agissait de choses autres que de l'argent, la règle n'était pas la même et le juge était appréciateur du préjudice causé par l'emprunteur. Nous supposons dans ce cas une action de bonne foi dans laquelle le judex appréciait *ex bono et œquo* le montant des intérêts ainsi dus par suite de la demeure.

Dans les obligations *stricti juris* au contraire, il ne pouvait ni diminuer ni augmenter le chiffre indiqué dans la formule, sous peine de se rendre coupable d'un délit particulier désigné par ces mots : *Litem suam facere*, en sorte que dans cette dernière hypothèse il ne pouvait être question de dommages-intérêts.

Dans certaines circonstances particulières, le taux légal pouvait être dépassé. Nous lisons dans Ulpien, loi 3, § 8, Dig. *de eo quod certo loco*, de nombreux exemples qu'il termine par ces mots : « In hanc arbitrariam quod interfuit, veniet ; et quidem ultra legitimum modum usurarum. Quid si merces solebar comparare ? et an et lucri ratio habeatur, non solius damni ? Puto et lucri habendam rationem. »

Les intérêts moratoires n'avaient pas d'existence

dans les cas suivants ; c'est-à-dire étaient dispensés d'en payer :

1º Le fisc. Mais si lui-même était créancier, son débiteur lui devait *ex mora* les intérêts à six pour cent. (D. g., loi 17, § 6, *usur.*)

2º Le donateur à l'égard du donataire : « Liberalitatis in rempublicam factæ usuræ non exiguntur. »

Lorsqu'un délai de grâce avait été accordé au débiteur par un jugement ou par la loi, celui-ci était de plein droit obligé de payer les intérêts *ad usuras centesimas* lorsqu'il laissait expirer le délai, sans remplir ses engagements. Nous avons là en effet une *actio judicati* provenant de l'action *ex stipulatu* ainsi transformée. Pár l'action *ex stipulatu* le créancier ne pouvant réclamer des intérêts, pouvait en exiger *ex natura judicati*.

Les intérêts que M. de Savigny appelle intérêts judiciaires n'existaient pas à Rome.

§ II. — *Intérêts dus par suite d'un privilége du créancier.*

Certains créanciers avaient le privilége particulier de pouvoir réclamer des intérêts sans être obligés de recourir à un jugement, à une mise en demeure, ou à une convention expresse, c'étaient :

1º Le fisc. « Fiscus ex suis contractibus usuras non dat, sed ipse accipit, ut solet a foricariis qui tardius pecuniam inferunt, item ex vectigalibus. Cum autem in loco privati successit etiam dare solet. » (Dig. loi 17, § 5, *de usuris*).

2° Les mineurs de 25 ans « ut minoribus vigenti quinque annis usuræ omnimodo præstentur. » (Dig., loi 87, § 1, leg). La protection tout d'équité accordée par la loi aux incapables justifie cette disposition expresse du législateur romain.

3° Les églises et les établissements de bienfaisance, lorsqu'il s'agit de legs pieux faits en leur faveur.

Toutefois cette dernière exception paraît dater seulement de Justinien. Cod. Just. loi 46. § 4. *episcopis et clericis*.

§ III. — *Intérêts dus à raison de la nature du contrat.*

1° Contrat de société. Un sociétaire détournait-il une partie du fonds, ou des produits de la société pour les employer à son usage personnel, il en devait les intérêts, peu importe qu'il ait été mis en demeure d'opérer leur restitution. Dig. loi 1, § I, *usuris*.

2° Le tuteur doit les intérêts des sommes par lui touchées pour le compte du mineur. Et lorsqu'il sera établi que ces fonds ont été employés à son usage, l'intérêt par lui dû sera de douze pour cent par an, à plus forte raison, s'il refuse de restituer tout ce qu'il a reçu.

Dans les autres cas l'intérêt s'élèvera seulement de quatre ou cinq pour cent, suivant les coutumes de la province (1).

Pour opérer les recouvrements et les placements des sommes dues au mineur, le tuteur a deux mois, passé ce délai les intérêts sont dus sauf le droit pour lui d'établir qu'il n'a pas trouvé un placement avantageux. Mais le juge est compétent pour apprécier l'exactitude de sa déclaration. Dig. loi 7, §1, *administ. et peric. tut.* — Paul. sentent. II. IV. 16.

3° Le dépositaire, le créancier gagiste qui ont employé à leur usage l'argent à eux confié, sont débiteurs des intérêts sans préjudice de l'action furti. C. Just., loi 4 *depos.* — Loi 6 § I *pignerat. act.* — Loi 39 pr. Dig. *depositi.* — Instit. § 6 *de oblig. quæ ex delicto nascuntur.*

4° Se trouvent dans la même situation, le mandataire et le gérant d'affaires qui disposent en leur faveur des sommes par eux perçues, ou même, qui négligent de les faire fructifier. — Loi 13 § I *usur.* et loi 10 § 8 *mandat.* Dig.

5° Dans le contrat de vente l'acheteur doit au vendeur les intérêts de la chose à partir de sa mise en possession. Paul. sent. II. XVII. 9. Il n'y aurait pas lieu non plus d'hésiter si le vendeur avait gardé pardevers lui et la chose et le prix. Paul. sent. II. XVII. 9. loi 13 § 20 Dig. *act. empt.*

---

(1) Dig., loi 1, § 3, *De usuris.* — Dig., loi 7, § 10, *Administ. et pericul. tutorum,* loi 7, § 4, *Eod. titulo.* — Loi 1, Cod. Just., *usuris pupul .*

CHAPITRE VI.

INNOVATIONS DE JUSTINIEN.

Justinien apporta plusieurs innovations à la limite du taux de l'intérêt. — Ce furent d'abord les personnes illustres qui ne purent consentir de prêt à un taux supérieur à quatre pour cent. — Les commerçants n'avaient pas le droit de percevoir un intérêt dépassant huit pour cent. Et quant aux prêts de denrées jusqu'alors illimités, ils furent ainsi que le prêt à la grosse restreints à douze. — Quant aux simples particuliers, il leur était défendu de stipuler plus de six. (Loi 26 au code *de usuris.*)

Nous trouvons une exception à cette règle dans la loi 2 au code *de usuris rei judicatæ* contre ceux qui n'exécutaient pas la sentence dans les quatre mois à dater de la condamnation. Alors les intérêts de douze pour cent avaient cours à partir de l'expiration du quatrième mois.

La loi 27 décidait que la nouvelle constitution s'étendrait à dater de sa promulgation aux contrats formés sous la législation antérieure. — La loi 28 prohibait l'anatocisme. Les intérêts payés peu à peu et par terme comptent désormais pour le calcul du double du capital. Loi 29. — Justinien fait exception en faveur du trésor lorsque les intérêts lui sont dus.

La Novelle CXXXVI chap. 4 et 5, permettait aux banquiers d'exiger des intérêts en vertu d'un simple pacte et même sans convention. C'était justice, si nous examinons la législation antérieure et le genre de transactions de ces commerçants. La loi du double était également abrogée en leur faveur.

Justinien décida enfin dans les Novelles XXXII, XXXIII et XXXIV que les prêts de céréales consentis aux agriculteurs ne pouvaient dépasser 1/8 de mesure, soit douze pour cent environ, et quatre pour cent en matière d'argent. La Novelle XXXIII étendit la législation actuelle aux provinces d'Illyrie.

Tel a été sommairement l'état de la législation, en ce qui concerne notre matière, sous le règne de Justinien.

Cet empereur avait réglé et limité le taux de l'intérêt. Le christianisme, dont la doctrine n'est que de charité, aurait voulu que l'on proclamât la gratuité de ce contrat. Justinien n'avait pas cru devoir se rendre à ses instances. L'empereur Basile fut plus soumis en décidant : « Ne cuiquam omnino in ullo negotio liceat usuras accipere. » Harmenopule, livre 3, titre 7. — Son fils, Léon le Philosophe, estima qu'une telle décision n'était pas favorable, et dans sa constitution XXXIII rétablit le prêt à intérêt : « Il serait beau et désirable, dit-il, que les hommes rendissent inutiles les lois humaines, se laissassent conduire par les préceptes divins ; mais

comme il n'est pas donné à chacun de s'élever jusqu'à la hauteur de cette loi divine et qu'il y a même
fort peu de gens qui aient la vertu de la pratiquer,
il faudrait s'estimer encore très-heureux de voir
tout le monde observer la loi humaine. Notre père,
continue-t-il, voulut écouter la voix de Dieu et défendit le prêt à intérêt. Mais au lieu d'améliorer
l'état des choses, but que le législateur doit toujours s'efforcer d'atteindre, cette loi ne fit qu'augmenter le mal. » —M. Troplong, Préface, page
LXXXII s'exprime en ces termes : « Ces calamités
(de l'usure) touchaient de pitié les ministres d'une
religion qui enseignait surtout la charité et unis-
sait dans ses saints livres, aux conseils les plus
austères de mémorables exemples de créanciers
compatissants et généreux. Ces ministres, d'ailleurs, pénétrés avec raison de la grande supériorité
de la morale chrétienne sur la morale du Poly-
théisme, se souvenaient que dans l'antiquité
païenne, de grands philosophes, de profonds pen-
seurs, de savants économistes, avaient jugé les
usures avec sévérité ; et ils auraient cru rabaisser
le christianisme et méconnaître sa perfection, si
interprètes de la sagesse divine, ils n'avaient maintenu leur enseignement à une plus grande hauteur
de pureté que ces interprètes de la sagesse humaine... »

En présence des calamités causées par l'usure, le
christianisme ne pouvait en effet demeurer indif-
férent. Reste à savoir, s'il n'aurait pas été plus ra-

tionnel d'essayer de diriger une réglementation du prêt à intérêt, au lieu de réclamer sa prohibition? Est-ce que le prêt à intérêt légal était moins honnête à cette époque qu'aujourd'hui ! Est-ce que la conscience, est-ce que la religion nous font un reproche de percevoir un taux limité par la loi? Nullement. Alors ce qui est équitable au XIXe siècle n'était pas moins honnête à l'époque de Justinien. — Les textes qui ont servi de base à la demande de prohibition du prêt à intérêt, enseignaient comme ils enseignent encore un principe de charité et pas autre chose, nous les examinerons en temps utile.

DROIT FRANÇAIS

LÉGISLATION PENDANT LE MOYEN-AGE.

CHAPITRE I.

HISTOIRE.

Nous avons étudié le prêt à intérêt sous la législation romaine. Nous avons parcouru rapidement les lois limitatives qui l'ont réglementé. Examinons le prêt à intérêt spécialement dans les Gaules.

Avant l'invasion des armées romaines, notre pays était déjà le théâtre d'une civilisation d'autant plus grande, que ses voisins vivaient dans une barbarie plus profonde. La Gaule, devait cette heureuse situation aux colonies grecques établies sur son sol, au caractère de ses habitants, enfin à sa position géographique, qui était pour Strabon une cause réelle d'admiration.

Dans son commentaire de la guerre des Gaules, César nous dit, au livre VI, 17. qu'il trouva le commerce en honneur ; que Mercure, l'inventeur des arts, le protecteur du négoce de l'argent et des marchandises était le plus honoré des dieux. La conquête romaine ne fut pas l'âge d'or pour la Gaule, si elle apporta sa civilisation, par contre, elle n'oublia pas son cortége de calamités. J'ai nommé le despotisme inquiet des romains et surtout les exactions infâmes des gouverneurs. J'en citerai un exemple. L'un d'entre eux, Licinius, d'origine gauloise, s'était rendu coupable d'atroces concussions. La Gaule entière profite du voyage d'Auguste pour demander sa mise en jugement. Licinius invite l'empereur à se rendre à sa demeure, lui montre les trésors accumulés, prétexte la raison d'Etat, puis pour justifier sa déclaration, les offre à Auguste qui les accepte, et en échange lui octroie son pardon (1).

Les gaulois acceptèrent assez facilement les lois et les mœurs des romains. Le prêt à intérêt subit les mêmes règles qu'à Rome.

L'invasion des barbares n'apporta pas de changement au prêt à intérêt. — Grégoire de Tours (539-595) nous apprend que Didier, nommé évêque de Verdun par Théodoric, trouvant les habitants de cette ville en proie à la plus profonde misère, résultat des guerres et pillages dont ils avaient été victimes, emprunta du roi Théodébert, la somme de sept mille écus d'or, ajoutant : « Nous la rendrons avec les intérêts légitimes, pecuniam tuam

_____

(1) Dans la suite Anguste lui retira sa charge.

cum usuris legitimis reddemus. » (Lib. III. nº 34.)
Le roi refusa généreusemeni le tout. — Le prêt à
intérêt n'était donc pas encore l'objet d'une prohibition, car apparemment, ce vénérable évêque ne
les eut pas stipulés, s'ils avaient été défendus.

Nous possédons également le témoignage du
pape saint Grégoire-le-Grand, Lib. IX, épist. 38.

A une époque antérieure (344-407) saint Chry-
sostôme nous fournit la preuve de la légitimité du
prêt à intérêt dans ses LXVIᵉ et XVᵉ Homélies.

Ainsi donc, en droit civil, il était d'un usage
constant et honnête, de placer son argent à intérêt, jusqu'à l'avènement de la seconde race.

Le christianisme l'avait défendu, mais seulement aux évêques, aux simples prêtres, aux dia-
cres.

Nous lisons ces mots dans le 43ᵉ des canons de
l'Église : « Episcopus aut presbyter, aut diaconus
qui usuras a mutuum accipientibus exigit, vel de-
sinito, vel deponitor. » L'authenticité de ce docu-
ment attribué au pape saint Clément est contestée,
nous n'entrerons pas dans cette controverse; disons toutefois, qu'il est dans l'ordre naturel des
faits, que ce texte ait été déterminé à la suite d'une
demande de conseils sur cette matière. C'est d'autant plus probable, que nous possédons le texte
des conciles d'Arles (314) et de Nicée (325).

Je lis ces mots dans le premier : « De ministeriis
qui fœnerant placuit eos juxta formam divinitus
datam a communione abstineri. » (Com. 12.)

Le second, après avoir renouvelé la prohibition de prêter à intérêts, terminait par ces mots : « Dejiciatur a clero et alienus existat a regula. »

Enfin saint Basile raconte, dans ses lettres 107, 108 et 109, qu'une de ses parentes contracta un emprunt sous cette condition, que si le remboursement était fait à une certaine époque, *remitterentur usuræ*. Le terme arrive, la débitrice ne peut remplir ses engagements. Ce saint évêque s'adresse au créancier, l'exhorte à appeler sur lui-même la miséricorde divine en témoignant aux affligés bonté et clémence. Ensuite, il conjure Helladius homme influent auprès du préfet, d'user dans cette affaire, des excellentes qualités dont le Christ l'a doué et qu'il n'a reçues que pour faire le bien. Il ne dit rien, dont on puisse inférer que l'usure soit regardée comme un crime, ou même comme une action défendue par Dieu.

Les conciles et les décrets de l'Église, ne s'adressaient donc qu'au clergé seul.

Comment alors s'éleva la prohibition légale du prêt à intérêts?

La philosophie scolastique, puis la théologie enseignées toutes les deux par des docteurs illustres s'inspirant d'Aristote amenèrent l'interdiction du prêt à intérêts.

Nous examinerons donc :

Iᵒ Les opinions philosophiques et religieuses.

IIᵒ Les monuments émanés de la loi positive.

CHAPITRE II.

OPINIONS PHILOSOPHIQUES ET RELIGIEUSES.

La restauration littéraire déterminée par le génie civilisateur de Charlemagne, fut l'origine d'un retour aux etudes libérales. Celles-ci, professées dans les écoles de l'empire, donnèrent naissance à la philosophie scolastique.

Les premiers scolastiques, n'emploient les règles posées par Aristote, que comme des procédés de méthode pour l'enseignement du dogme religieux, justifiant ainsi la formule : *philosophia ancilla theologiæ.* A cette timidité et à cette réserve du premier âge, ne tarde pas à faire place une dis cussion ardente. Les ouvrages d'Aristote sont étudiés, approfondis, discutés, renouvelés, son opinion sur la stérilité de l'argent est mise au jour et avec elle sa haine de l'usure qualifiée par lui de vice coupable et digne d'horreur, car un ou plusieurs écus, dit-il, ne sauraient en produire un autre. En conséquence, la production de l'argent par l'argent, est un fait monstrueux et intolérable.

La théorie philosophique d'Aristote pénétra bientôt dans la théologie. Et ce qui n'avait été, qu'une doctrine philosophique purement spéculative, devint bientôt un dogme de morale, et plus tard une loi positive et prohibitive. Au moyen âge, la philosophie était enseignée par le clergé qui avait le devoir et l'habitude de la soumission à une discipline sévère. La science des choses humaines se modela sur la science des choses divines, et c'est ainsi que sous l'empire des dogmes religieux s'opéra insensiblement une fusion entre la science des païens et les croyances chrétiennes.

A l'appui de ces affirmations, que je considère comme irréfutables, je citerai seulement quelques noms. C'est d'abord au viie siècle, Alcuin, disciple de Bède le Vénérable. Au ixe siècle, Jean Scot Erigène. Au xe, Gerbert d'Aurillac, devenu pape sous le nom de Sylvestre II. Puis, au xie siècle, Rosselin, chanoine de Compiègne, Saint Anselme, archevêque de Cantorbéry. Au xiie, Abelard. Au xiiie, Albert-le-Grand, saint Thomas; plus tard Duns Scot et Gerson. Tels étaient les illustres docteurs qui enseignèrent la philosophie et la théologie. Et c'est ainsi que de l'union de la philosophie à la théologie, la doctrine philosophique devint une règle de morale théologique, s'appuyant ensuite sur les saintes Écritures.

Ce fut donc à cette époque notamment, que commença cette grande controverse de la non-légitimité du prêt à intérêt. Nous n'entrerons pas à fond dans la discussion théologique. Nous exposerons en peu de mots, les arguments fournis de part et d'autre.

Dans l'ancien testament, nous trouvons le passage ci-après prohibant l'usure.

« Si vous prêtez de l'argent aux pauvres de mon peuple qui habitent avec vous, vous ne les pressurerez pas comme un exacteur, vous ne les opprimerez pas par des usures. » (Exode, chap. XXII, vers. 25.)

« Si ton frère est devenu pauvre et qu'il ne puisse plus travailler de ses mains, si tu l'a reçu comme un étranger et un voyageur et qu'il ait vécu avec toi, ne reçois point d'usures de lui, ni plus que tu ne lui as donné. Crains ton Dieu, afin que ton frère puisse vivre auprès de toi.

« Tu ne prêteras à usure à ton frère, ni de l'argent, ni des fruits, ni quoi que ce soit.

« Mais seulement à celui qui est étranger. Tu prêteras à ton frère ce dont il aura besoin sans en tirer d'usure afin que ton Seigneur te bénisse dans tout ce que tu entreprendras sur la terre dont tu dois entrer en possession. » (Deutéronome, chap. XXXIII, vers. 19, 20 (1).

Le Nouveau-Testament nous fournit ces mots célèbres tirés de saint Luc, chap. VI, vers. 35 : « Mutuum date, nihil inde sperantes. »

Tels sont les textes sur lesquels s'appuient les théologiens pour proscrire le prêt à intérêt. Nous devons avouer, qu'il n'existe pas, selon nous, de prohibition formelle et expresse de la part du législateur chrétien. La controverse tout entière réside dans cette expression de saint Luc *nihil inde*

---

(1) Deut. chap. XV, V. 7, 8, 9. 10.

sperantes. Certains savants essayent de trouver un sens formel en faveur de l'interdiction du prêt à intérêt. A la tête de ces docteurs nous voyons Urbain III, qui, le premier, interpréta de la sorte ce passage de saint Luc et, ensuite, appuya sa théorie du poids de son autorité. Bossuet lui-même, fortifia cette doctrine de la grandeur de son génie. Quant à nous, notre opinion est, que l'on doit voir dans ces mots *mutuum date nihil inde sperantes*, un conseil de charité. Si un doute pouvait naître un instant dans notre esprit, ne serait-il pas aussitôt dissipé par cet autre verset des Évangiles concernant la parabole des Talents, dans laquelle Jésus-Christ nous enseigne « quod in spiritualibus bonis semper crescere debeamus, ut dignos gratiæ fructus Deo rependere valeamus. » L'un des serviteurs du maître a fait fructifier son argent : « Operatus est in talentis et lucratus est. » L'autre s'est borné à le garder improductif : « Fodit in terra et abscondit pecuniam domini. » Le premier reçoit des éloges : « Euge serve bone et fidelius » le second subit des reproches : « Oportuit ergo te committere pecuniam meam nummulariis, ut veniens ego recepissem quod meum est cum usuris. » Saint Mathieu, C. XXV, vers. 14, et saint Luc, C. XIX, vers. 13.

Comment ce texte pourrait-il exister, si le prêt à intérêt était défendu? Comment les concilier ensemble? — Le savant cardinal de la Luzerne combat et blâme la théorie des scolastiques prohibant le prêt à intérêt, et reconnaît la légitimité de ce contrat. Nous voyons également des théologiens illustres, soutenir la même interprétation. Nonobstant le texte de saint Mathieu, les scolastiques triomphèrent. Le prêt à intérêt fut également interdit aux laïcs par l'église dans ses conciles, et, plus tard, par la loi positive en dépit de la raison et des besoins de la société.

Pour l'instant, la morale religieuse était établie, en tant que dogme de conscience. Avant peu, la loi positive sera modifiée, grâce à l'influence des évêques dans le conseil des rois. L'histoire tout entière, nous l'atteste : « Anciens défenseurs des cités et magistrats naturels des villes municipales, les évêques furent d'abord supérieurs aux comtes que les rois mérovingiens y établirent pour représenter leur pouvoir militaire et civil. Rien ne peint mieux cette supériorité que l'édit de Clotaire 1ᵉʳ, portant : « Si le comte a injustement condamné quelqu'un contre la loi, qu'il soit réprimandé en notre absence par les évêques (ab episcopis), et qu'il procure, par une seconde et meilleure discussion, la réforme de son jugement inique. » (Clotharii regis constitutio generalis). Laferrière, *Histoire du droit français*, t. III, p. 261. Montesquieu nous dit : « Sous les deux premières races on assemblait souvent la nation, c'est-a-dire les *seigneurs* et les *évêques*. Il n'était pas question encore des communes. » (*Esprit des Lois*, XXVIII, 9).

CHAPITRE III.

CAPITULAIRES, CONCILES ET ORDONNANCES.

Ce fut sous la seconde race que les Capitulaires, d'accord avec les conciles, prohibèrent toutes espèces d'usures : « Omnia omnibus interdictum est ad usuram aliquid dare, » dit le Capitulaire de 789 daté d'Aix-la-Chapelle. Un autre, promulgué en 813 s'exprime en ces termes : « Usuram non solum clerici, sed nec laici christiani exigere debent (1). » Les conciles de Paris en 829, de Meaux en 845, et enfin celui de Latran au XIIe siècle défendirent de leur côté toute stipulation d'intérêts.

« Sous Louis-le-Débonnaire, le prêt à intérêt, nous dit M. Troplong dans sa préface, devint désormais un cas d'excommunication et à partir de cette époque et pendant tout le Moyen-âge, l'Eglise ne se départit pas d'une sévérité qui atteignait les laïcs aussi bien que les clercs. Les prêteurs à intérêts qualifiés d'usuriers furent considérés comme infâmes (in tota vita infames habeantur) écartés des lieux saints et privés de la sépulture ecclésiastique (christianâ sepulturâ priventur). Le mot usure perdit le sens légitime qu'il avait dans les lois romaines, il devint synonyme d'extorsion, de

____

(1) Les capitulaires, années 806 et 816, ne sont pas moins formels.

vol, de crime capital. » Les malheurs qui suivirent
la mort de Charlemagne, les pillages, les guerres,
les vexations de toutes sortes qui accompagnèrent
la naissance et l'épanouissement du système féodal
n'étaient pas faits, on le comprendra aisément pour
favoriser le commerce, l'agriculture, l'industrie, ni
par suite, pour faire sentir aux populations la nécessité de la circulation monétaire et du crédit.
Les relations étaient locales et se bornaient la plupart du temps à l'échange des produits nécessaires
et au paiement de l'impôt aux seigneurs par leurs
vassaux et leurs serfs. La situation présente peut
être comparée aux calamités des premiers temps
de Rome. Les seigneurs d'alors avaient les mêmes
pouvoirs, les mêmes richesses, le même orgueil
que les patriciens de l'antique cité romaine.

Une véritable révolution politique et intellectuelle fit bientôt sortir la féodalité de sa barbarie
comparative. A la fin du xiiiᵉ siècle et pendant le
xivᵉ, l'autorité royale acquiert une puissance telle
qu'elle force les seigneurs à courber la tête devant
sa suprématie. Quelle en fut la cause ? Les progrès
de l'intelligence, le besoin des lois et le sentiment
de l'équité qui s'étaient développés grâce à l'étude
renaissante du droit romain et à l'ardeur des légistes.

Le prêt à intérêt enseigné par Ulpien et Papinien
dans leurs immortels ouvrages, sembla un peu
moins odieux. Les jurisconsultes adoucirent leurs
anathèmes, surtout si l'on songe qu'à cette époque

peuples et rois avaient besoin d'argent, les uns pour vivre, les autres pour faire le commerce. L'église redoubla alors ses sévérités. Le pouvoir temporel appuya son action. Les légistes furent écartés. Ce ne sont pas eux qui doivent être consultés sur la légitimité ou non du prêt à intérêt, dit Henri de Gand, ce sont les théologiens et les philosophes. Les juridictions ecclésiastiques seules furent donc chargées de l'examen des contrats usuraires. « La connaissance de l'usure appartient à la cour de chrétienté, disait Beaumanoir. »

Mais le commerce languissait. Des plaintes s'élevaient. Alors, par une sorte de transaction, ce qui était défendu rigoureusement fut permis aux Juifs et aux Lombards à beaux deniers comptants. Le sénéchal de Champagne nous a conservé ces paroles de saint Louis qui indiquent comment ce monarque voulait que l'on traitât ces mécréants : « Nul s'il n'est grand clerc et théologien parfait, ne doit disputer aux Juifs. Mais doit l'homme lay, quand il ouït médire de la foi chrétienne défendre la chose non pas seulement de paroles, mais à bonne épée tranchante et en frapper les mécréants et médisants à travers le corps tant qu'elle y pourra entrer. » Ce n'est pas tout. Le roi voulait en purger son royaume. Une première fois ses conseillers, gens plus pratiques, lui firent comprendre que le peuple ne pouvait subsister sans prêteurs. Les Juifs furent donc sauvés. L'on vit bien que leur mort ne serait pas d'un grand revenu pour le trésor, en sorte qu'il valait mieux rançonner ces impies.

Les princes, moyennant de fortes parts dans les bénéfices, octroyaient à ces malheureux le privilége d'habiter leurs états et celui d'exploiter leurs sujets. Ces redevances ne leur suffisant pas, ils expulsaient de temps à autre ces pauvres Juifs, confisquaient leurs biens quitte à leur accorder de nouveau la permission de s'établir sur leurs terres. La situation, comme on le voit, était simple dans son horreur, le peuple, ainsi qu'aux premiers âges de Rome, payait pour le prêt et pour les dangers du prêt, en sorte qu'il était écrasé par l'usure et cela avec la permission royale.

A l'appui de ces affirmations vraies et sincères, je citerai des témoignages certains, c'est-à-dire les ordonnances mêmes des rois de France et plusieurs historiens de l'époque.

Henri III, roi d'Angleterre, chasse les Juifs en 1240, les rappelle en 1250 (Mathieu, Paris).

Ils sont expulsés par saint Louis en 1268, ordonnance du Louvre, t. I, page 96.

En 1182, Philippe-Auguste bannit les Juifs, confisque leurs biens immeubles et décharge leurs débiteurs des trois quarts de leurs dettes : « Au mois d'avril, le roi Philippe rendit un édit qui donnait aux Juifs jusqu'à la Saint-Jean pour se préparer à sortir du royaume. Le roi leur laissa le droit de vendre leur mobilier, mais quant à leurs domaines tels que maisons, jardins, champs, vignes, granges, pressoirs et autres immeubles, il s'en réserva la propriété pour ses successeurs au trône de France et pour lui. » (Rigord, historien de Philippe II).

En 1234, les créances des Juifs sont restreintes aux deux tiers. En 1306, vente des biens des Juifs. En 1311, expulsion des Juifs. En 1315, rappel des Juifs pour douze ans, confiscation des deux tiers des sommes à eux dues.

En 1350, sous le roi Jean-le-Bon, lettres portant confiscation, au profit du roi, des dettes dues aux Lombards usuriers, qui libèrent les débiteurs envers lesdits usuriers en payant au roi seulement le principal, et qui ordonnent à cet égard des poursuites contre les débiteurs refusants, etc.

« Usuriers et fermiers des impôts, nous dit M. Bignon, ils envahissaient les biens de ceux qui les avaient proscrits et qui devaient bientôt encore les proscrire. En 1306, Philippe-le-Bel les fait arrêter tous à la foi d'une extrémité de la France à l'autre ; tous leurs biens sont envahis. On ne leur permet que d'emporter la somme indispensable pour gagner la frontière du royaume. Il serait difficile de voir dans cette proscription *d'autre principe que la cupidité*...

« Après avoir traité les Juifs avec tant de barbarie, après les avoir chassés tant de fois, on est contraint, lorsqu'on les rappelle, de leur offrir quelques priviléges, pour prix des sommes énormes qu'on leur demande... On leur permet ce qui est interdit aux autres Français. Le partage de leurs gains illicites, leur assure des appuis dans tous les ordres de l'Etat et jusque sur les marches du trône. » (1).

Continuons.

Ordonnance de mars 1402, rendue sous Charles VI. Le quatrième concile de Latran en 1215 ne prohibe de la part des juifs que les usures trop fortes. Les ordonnances des 6 août 1349 art. 19.— 3 mars 1462-1534. Juillet 1601. Mars 1684. Les édits de 1665 et de 1679, confirmèrent les exceptions. « C'est de ces efforts. dit M. Troplong, page 137, tentés dans ces directions diverses qu'est venue l'impulsion donnée au contrat de change..... »

Nous devons à la vérité de soutenir, que le clergé se tenait éloigné de ces rigueurs, qui n'avaient d'autre but que de combler le gouffre sans cesse renaissant du trésor public, conséquence d'une administration des plus tristes pour l'humanité et la gloire de la France. Parmi les chroniqueurs français, Mézeray s'exprime en ces termes : « En ces temps (1347) furent généralement pris par tout le Monde les juifs et ars (brulés) et acquis leurs avoirs aux seigneurs. excepté en Avignon et en la terre de l'Eglise dessous les clefs du pape. Ces pourres (pauvres) juifs qui ainsi escaciés, (chassés) étaient quand ils pouvaient venir jusques à là n'avaient garde de mort. »

Revenons au XIIIe siècle.

Le prêt à intérêt continuera d'être sévèrement

---

(1) M. Bignon, des *Proscriptions*, T. I, page 292.

proscrit (1). Quarante ans avant les établissements de Louis IX l'interdiction avait été renouvelée. L'art 4 de l'ordonnance de 1230 disait : « De christianis vero statuimus quod nullas usuras de debitis contrahendis eos faciemus habere. Nos, seu Barones nostri. Usuras autem intelligimus quidquid usuras sortem. » Et plus loin : « Nous observerons et ferons observer ces statuts dans notre domaine; nos barons les feront observer dans leurs terres, et si quelques-uns ne veulent pas s'y conformer, nous les y contraindrons, et nos autres barons seront tenus de nous prêter assistance de bonne foi et de tout leur pouvoir. » L'ordonnance de 1254 reproduisit celle 1230. Et les établissements de 1270 sanctionnèrent et confirmèrent une prohition fondée sur une interprétation exagérée des saintes Ecritures et sur les lois canoniques relatives aux clercs.

Nous trouvons dans les établissements de saint Louis, au chapitre 89 de ce recueil, que la connaissance du crime d'usure appartenait au juge ecclésiastique (2).

Une déclaration de 1312 émanée de Philippe II, fortifia l'ordonnance de 1311 sur les peines qui menacent les usuriers. Les usures trop élevées furent annulées et les sommes payées imputées sur le

---

(1) Au XIII⁰ siècle nous lisons dans *l'officialité de Reims :* « .. Si l'usure avait été un péché contre le droit naturel, jamais le droit des gens et le droit civil, qui ne peuvent changer le droit naturel, n'auraient pu établir généralement le prêt à intérêt. » — L'officialité devance ainsi Turgot, son affirmation est précieuse.

(2) La justice Laïque ou le bras séculier se chargeait de l'exécution par le bûcher ou le gibet. — Ord. de 1254 et ordon. de 1579, art. 202.

capital, sauf le prélèvement tout au plus d'une légère amende.

A la suite de l'altération des monnaies et de la misère, résultat certain d'un pareil moyen conçu et exécuté par Philippe-le-Bel, ce prince permit limitativement en 1332 le prêt à intérêt. Déjà la nécessité avait fait enfreindre la loi, dans les grandes foires qui avaient alors lieu. « Les marchands, nous dit Coquille, par advis commun, arrestaient combien vaut l'argent, c'est-à-dire quel est l'intérêt du séjour des deniers. »

Nonobstant la prohibition édictée et sanctionnée par les conciles, les ordonnances et les capitulaires, l'usure dans certaines circonstances était limitativement tolérée ; c'est là une de ces contradictions difficiles à expliquer, et qui trouve sa raison d'être, dans l'état des esprits et les besoins de la nation.

CHAPITRE IV.

EMANCIPATION DES IDÉES.

Nous sommes arrivés au XIVe et XVe siècle. Le droit romain continue à tenir la plus large place dans les travaux des jurisconsultes voués au perfectionnement du droit civil. La classe moyenne a une existence dans la nation par l'affranchissement des communes, par sa situation aux états généraux ; pénétrant ensuite avec les légistes dans le conseil du roi, elle y apporte son indépendance, sa droiture, son esprit d'ordre et de critique, elle devient la modératrice du pouvoir royal.

Les opérations commerciales prirent alors un développement qui exigea des mises de fonds plus importantes que par le passé, des capitaux durent être rassemblés, afin de participer aux entreprises lointaines devenues la passion favorite du moment. Le mot intérêt qui désigne si bien par lui-même, la position des intéressés devenant d'un emploi usuel et journalier, révéla les inconséquences outrées de la doctrine religieuse. Des réclamations se firent entendre, la controverse reprit naissance plus vivement que jamais. C'est alors que les docteurs de la Réforme entrèrent en lutte.

Le dominicain Bucer devenu luthérien vers 1530,

affirma le premier que l'usure n'était pas condamnée d'une manière absolue par l'Evangile. Après Bucer, nous voyons Calvin, et avec lui tout le protestantisme déclarer que l'usure modérée est permise. Comme on le pense bien, la lutte devint'énergique. L'Eglise continua de proscrire toute espèce de prêt à intérêt, et dans l'Eglise nous rencontrons un certain nombre de théologiens qui enseignent la légitimité de l'usure modérée.

Tel est en peu de mots l'exposé indicatif de la lutte religieuse, nous aurons encore l'occasion d'en parler.

A ce moment, apparaît le jurisconsulte Dumoulin ; aussi grand par l'honnêteté que par la science. Par la science, il éclaire et complète nos lois des règles du droit romain. Par l'honnêteté, il signale hautement et sans crainte les abus et les injustices. Adversaire énergique de l'usure excessive, il est partisan du prêt à intérêt à un taux modéré. Il déplore que l'ignorance, résultat de l'invasion des barbares n'ait pas permis la connaissance des lois romaines.

Nous posséderions un taux modéré et des pratiques honnêtes, au lieu, dit-il, de l'effrénée licence d'exercer et exiger usures et surcroists plus que barbaresques.

Dumoulin était donc partisan de l'intérêt, en tant qu'il était raisonnable (1) et non un adversaire

____

(1) « Je ne fus oncques, disait Dumoulin, et ne suis d'avis de lascher la bride et rappeler et permettre en commun, usages des usures

passionné de tout prêt à intérêt, comme on a essayé à tort selon nous de le soutenir.

Si en théorie, la controverse était vive, en pratique, elle n'était pas moins énergique. M. Troplong dans sa préface nous dit : « En même temps les provinces de droit écrit s'affermissaient dans l'usage du prêt à intérêt dont les lois romaines, objet d'un amour invincible avaient maintenu chez elles la tradition. En vain l'Eglise avait-elle lutté contre cette puissance de la raison écrite. Les mœurs avaient résisté avec tant d'opiniâtreté, que les parlements de Grenoble, Aix, Toulouse, Pau et Bordeaux, malgré la ferveur de leurs sentiments religieux, n'exécutaient pas les ordonnances prohibitives des promesses d'intérêt.Ils alliaient sur cette matière à leur catholicisme ardent une sorte de protestantisme. Constantin et Justinien étaient l'excuse mais qui n'affligeait pas moins le cœur des théologiens. »

En effet, Bossuet s'exprime ainsi : « L'Ordonnance défend toute usure, avec une sévérité qui fait bien voir qu'elle a cru suivre en cela la loi de Dieu. Il faut espérer que les Parlements, s'il est vrai qu'ils aient, comme des auteurs le prétendent, des maximes contraires, prendront à la fin l'esprit commun de la loi, et cela arrivera infailliblement, pourvu qu'on n'établisse point les jugements sur

---

civiles, ils changent par temps, ajoutait-il en parlant des prêteurs, leurs termes et dictions, afin que chacun ne connaisse si facilement leurs excès et abus. »

des coutumes que l'intérêt seul a établies et qu'on entre comme il convient à d'humbles enfants de l'Eglise dans l'esprit de la tradition, seule interprète de la loi de Dieu (1). »

Les espérances de Bossuet ne se sont pas pas réalisées. Seuls les économistes, avec les partisans de l'intérêt ont vu leurs efforts couronnés de succès. Est-ce à dire que les reproches de l'illustre évêque de Meaux ne soient pas fondés? Bien loin de là, cet empiétement sur le pouvoir législatif était contraire et à leur dignité et à l'intérêt public, l'histoire nous le prouve surabondamment. La prohibition était formelle, ce qui n'empêcha pas le 4 janvier 1607 la grand'Chambe de convertir en rente constituée, une obligation de prêt à intérêt, qui n'aurait dû produire aucun effet. (Peleus, *actiones forenses*, liv. V, act. 42.)

A l'époque de Dumoulin, la loi ne pouvant plus être observée, on chercha à l'éluder légalement. Le prêt à intérêt était toujours prohibé, et l'on voulait conserver la prohibition en tant que loi doctrinale. C'est alors que l'on pensa avoir tout concilié en inventant la vente à réméré. la société en commandite, le contrat d'assurances et moins déguisé, le contrat de constitution de rente, le contrat de change, l'institution des Monts de piété, enfin des mots barbares, qui exercèrent à un si haut degré la verve impitoyable du satirique de Port-Royal;

______

(1) Bossuet. *Traité de l'usure*, Ed. Mellier. 1851, t. XIX, page 551.

c'est-à-dire, « damnum emergens, lucrum cessans,
« periculum sortis, mohatra, etc., » qui tous étaient
autant de moyens d'éluder le principe sévère constitué par les pontifes. La prohibition n'existait plus
que de nom. Le prêt à intérêt avait enfin une existence sous ces diveses dénominations.

La constitution de rente fut le contrat le plus
fréquent, par suite, nous en dirons quelques mots.

D'abord, il faut bien se garder de croire qu'il
existât une similitude parfaite, entre ce contrat et
le prêt à intérêt. La grande différence se trouve dans
l'inexigibilité du capital prêté par le créancier de la
rente. Malgré la non stipulation d'intérêts et cette
différence essentielle avec le prêt, la constitution de
rente fut attaquée énergiquement par le célèbre
Henri de Gand. L'opinion de ce savant théologien
manifestée en termes clairs et précis jeta une véritable inquiétude dans l'esprit des créanciers de
rentes constituées. Or, ces créanciers étaient nombreux, et qui plus est, leur nombre comprenait
certains membres du clergé, qui, ne pouvant obtenir des intérêts par le prêt ordinaire avaient eu
recours à ce nouveau contrat. Bon nombre d'églises
et de communautés étaient créancières de cette
façon. La noblesse et la bourgeoisie, soit en
France, soit en Allemagne, soit en Italie, étaient
aussi créancières en vertu de la constitution de
rente.

En présence de cette inquiétude, ou mieux, des
murmures qu'il souleva, Henri de Gand modifia peu

à peu ses déclarations. La question reparut au XVe siècle et fut portée devant les papes Martin V (1420) et Calixte III (1465) lesquels rendirent une décision favorable à ces contrats déclarés juridiques et licites. Saumaise s'est élevé en termes indignés contre une telle inteprétation de la loi et des conciles, son langage mérite d'être cité : « Coacti « sunt necessitate argenti miseras usuras quas fori- « ribus excluserant per fenestram admittere. »

Nonobstant cette critique, la constitution de rente était fondée elle existait légalement.

Le taux maximum des rentes constituées était fixé par ordonnance , nous les parcourrons, elles nous ferons connaître la valeur de l'argent aux diverses époques de notre ancienne monarchie.

L'art. 376 de l'ancienne rédaction de la coutume d'Orléans, fixait le taux au denier 10 0/0. Montesquieu nous déclare que la découverte du Nouveau Monde fit tomber le prix de la rente en Espagne du denier dix au denier vingt. (de 10 à 5 0/0.)

En France, l'effet produit fut moins rapide. Ce n'est qu'en 1576, qu'un édit de Charles IX, applicable aux intérêts et aux rentes, l'abaissa au denier douze (environ 8 0/0.) Mais l'argent devint très-rare pendant les guerres civiles et l'intérêt monta probablement plus haut. C'est ce qui semble résulter du préambule de l'édit de juillet 1601, par lequel Henri IV réduisit le taux des rentes au denier seize, environ 6 0/0.

Pendant le XVIIe siècle, les rentes tombèrent au

denier dix-huit (5 1/2 0/0). mars 1634 , édit de Louis XIII, et au denier vingt (5 0/0) édit de Louis XIV, décembre 1665.

En 1720, époque des opérations de Law, le taux fut abaissé de vingt à cinquante (de 5 à 2 0/0.) L'édit qui intervint alors, ne fut pas enregistré et resta sans exécution. Le denier vingt fut rétabli (juin 1725.)

En 1766, le taux descendit au denier vingt-cinq, un édit de février 1770 le reporta au denier vingt et c'est ce taux de 5 0/0 qui fut fixé par l'Assemblée nationale en 1789.

La lutte devenait de plus en plus vive. La légitimité du prêt à intérêt gagnait chaque jour du terrain. Les Economistes étaient à la veille de paraître ; en attendant, le commerce et l'industrie avaient abrogé les ordonnances prohibitives par des usages et coutumes. Il en sera toujours ainsi tant que l'on voudra remonter le courant des idées au lieu d'essayer de les diriger.

CHAPITRE V.

USAGES ET COUTUMES AVANT 1789.

Nous connaissons la prohibition sévère apportée à l'exercice du prêt à intérêt. Nous avons vu les exceptions admises à l'égard des Juifs, des Lombards et des marchands qui fréquentaient nos grandes foires. Nous avons noté ces détours apportés à une défense rigoureuse, et qui se nomment : contitution de rente, Mohatra, Monts de piété, etc.

Il nous reste à étudier l'état de l'opinion publique manifestée dans les usages et coutumes, véritable protestation contre un système qui ne tendait à rien moins qu'à paralyser, sinon, à détruire la prospérité commerciale de la nation.

Avec le temps et la civilisation, les peuples comprirent toute l'importance du négoce. ils s'y livrèrent avec ardeur, renversant tous les obstacles apportés aux transactions et proclamant ainsi la légitimité du prêt à intérêt. De là date l'origine des diverses dispositions coutumières favorables à la liberté de ce contrat.

Presque toutes les provinces du droit écrit, imbues du droit romain qui étaient pour elles la loi, employaient le prêt à intérêt en dépit des ordonnances royales.

A Toulouse, lorsque l'emprunteur avait payé des intérêts, il ne pouvait exercer, ni la répétition, ni l'imputation sur le capital. Le Parlement de Paris suivait une jurisprudence contraire.

A Bordeaux, une simple sommation ou commandement suffisait pour faire courir les intérêts.

En Dauphiné, les intérêts couraient à partir du jour où le débiteur avait formulé sa demande d'emprunt, s'il y avait eu stipulation, les termes du contrat faisaient la loi des parties.

Suivant les anciennes coutumes de la Lorraine, le prêt à intérêt était entièrement permis en Alsace. Les Parlements de Grenoble et de Navarre admettaient le prêt à intérêt. Le président de ce dernier parlement écrivait en ces termes au chancelier d'Aguesseau, le 6 janvier 1739 : « L'usage des trois provinces qui sont dans le ressort de ce parlement et sa jurisprudence ont toujours concouru à favoriser la stipulation d'intérêts dans le simple prêt. »

Dans la deuxième coutume d'Alais, accordée vers 1222 par le seigneur Bernard d'Anduze et Pierre Bremond, son neveu, nous lisons, art. 24 : « Lors-« que l'intérêt aura égalé le capital il ne s'accroîtra « plus, malgré le retard du paiement et tout ser-« ment ou foi jurée. » Le parlement d'Aix suivait les mêmes errements que ceux de Grenoble et de Navarre.

Toutes les villes de commerce, sans distinction de coutumes, pratiquaient le prêt à intérêt, entr'autres, Lyon, Marseille, Bordeaux, Nantes. En un mot, le prêt âme du négoce, existait partout où des transactions avaient lieu. Turgot qui constate cet usage général, nous apprend que les jurisconsultes consulaires admettaient sans difficultés les intérêts stipulés par billet et lettre de change : « La rigidité « des lois, dit-il, a cédé à la force des choses ; il a « fallu que la jurisprudence modérât dans la pra- « tique ses principes spéculatifs et l'on est venu à « tolérer ouvertement le prêt par billet, l'escompte « et toutes espèces de négociations d'argent entre « commerçants. Il en sera toujours ainsi toutes les « fois que la loi défendra ce que la nature des « choses rend nécessaire. »

Le prêt à intérêt n'était pas seulement nécessaire, il était indispensable à la prospérité du commerce, de l'agriculture et de l'industrie. Charles IV, dit le Bel, l'avait bien compris, lorsque loin de permettre il *ordonnait aux Italiens et Oultramontains, pres- teurs et casseniers* (banquiers) de fréquenter les foire de la Champagne, sous peine d'être expulsés du royaume. (Ordonnance du Louvre, t. I, p. 800). — Philippe-le-Bel avait décidé que dans les règle- ments de compte, l'intérêt serait de douze pour cent. (Ordonnance du Louvre, t. I. p. 484.

Jusque sous le règne de Louis XIV, les foires de Lyon qui se tenaient tous les trois mois eurent seules le droit dans les opérations commerciales de ne pas être soumises à la prohibition du prêt à intérêt, (Ordon. 1280-1581. — Edits de juillet 1601, 1604. 1665.) Nantes et Marseilles ne jouissaient pas de la même faveur légale. — ▉ fut donc l'usage seul, résultat de la force des choses, qui suppléa énergiquement à une restriction et à une interdiction rigoureuse.

D'après la coutume universellement admise, le tuteur était obligé de faire emploi des deniers pupillaires, dans le délai de six mois. Quel emploi ? le tuteur était contraint d'acheter des immeubles ; en sorte que, le mineur devenu majeur se trouvait alors en présence d'une fortune immobilière avec laquelle il ne pouvait faire le commerce, ne possédant pas de capitaux ; par suite, il était forcé de vendre, mais l'aliénation pouvait ne pas être avantageuse, et comme conséquence, résultait pour lui un grave préjudice.

En présence de cet état de chose, on avait toléré, notamment à Paris, à Orléans et en Bretagne le placement à intérêts des fonds du mineur sans aliénation du capital. Voici la formalité usitée : on faisait intervenir le juge, sans doute pour se mettre à couvert sous son autorité, des conséquences que pouvait entraîner cette violation de la loi, et après publications à l'audience des capitaux à placer, ainsi que des conditions, on adjugeait cette somme à la personne qui offrait les meilleures conditions, et présentait les plus sûres garanties de restitution du capital et de paiement des intérêts aux échéances. Cet usage très-ancien ne cessa que par un arrêt de Septembre 1726. On ne saurait blâmer cette décision. Elle était fondée. Les magistrats firent donc acte de bonne et sage justice. La loi quelle qu'elle soit, doit être observée et respectée. La critique seule en est permise, et c'est au nom de la critique, que nous regrettons une prohibition, qui s'obstinait à faire si peu de cas de l'opinion et des faits.

En dehors de la convention des parties, des intérêts étaient dûs de plein droit, soit à cause de la nature de la créance, soit par suite de la disposition de la loi.

L'Ordonnance d'Orléans dans son art. 60 déclare que : « Contre les condamnés à payer certaines sommes de deniers par cédule ou obligation seront adjugés les dommages et intérêts requis pour le retardement dans le paiement à compter du jour de l'ajournement qui leur aura été fait. » Or, ce taux d'intérêts n'était pas clairement et exactement déterminé par l'ordonnance. Mais les cours de justice, ne tardèrent pas à corriger cette imperfection, et bien avant l'édit de février 1770.

Lecamus d'Houlouve, *Traité des intérêts* 1774, page 127, s'exprime ainsi : « Non seulement le taux des intérêts était le même pour toutes sortes de créanciers de quelque état ou qualité qu'ils fussent; mais même, il n'y avait pas d'autre taux que celui du denier 20 (5 0/0) dans tout le royaume. »

En cas de vente d'immeuble, l'acquéreur doit l'intérêt du prix dès l'instant où il est en demeure de payer, c'est l'objet de la vente qui produit ces intérêts indépendamment de la convention, (1) pourvu

<hr>

1, Pothier, *de la Vente*, n° 285. — Lecamus d'Houlouve, p. 70.

qu'il n'en existe pas de contraire. Mais, le délai l'opère, car ce délai fait partie du prix et est entré pour quelque chose dans la composition. Le fondement de ces intérêts est qu'ils sont dus par la nature de la chose acquise produisant des fruits, qui doivent se balancer par les intérêts du prix, ce qui les rend très-légitimes, les fait encore une fois courir de plein droit indépendamment de l'omission de la convention, et à partir du contrat de vente s'il n'y a pas de délai, s'il en existe un, à partir du terme.

Le tuteur doit les intérêts du capital dont il a négligé de faire l'emploi (1) et même les intérêts des intérêts, lorsque ceux-ci forment une somme assez considérable, pour être employée à acquérir des rentes ou des héritages (2).

L'intérêt des sommes avancées par le mandataire lui est dû par le mandant du jour des avances constatées.

Le mandataire et le dépositaire sont débiteurs des intérêts des sommes qu'ils ont employées à leur usage.

Les jurisconsultes divisaient les intérêts en lucratoires, compensatoires et punitoires. Les lucratoires, étaient ceux, qui étaient perçus à l'occasion

---

(1) Pothier, part. 1, titre 6, section 4, n° 178.

(2) *Règlement du Châtelet de Paris*, 11 juillet 1698, — Le règlement des tutelles de Bretagne, du mois de décembre 1732, art. 23, changea cette jurisprudence, il porte : l'art. 102 de l'ordonnance d'Orléans sera exécuté, et en conséquence les derniers pupillaires ne pourront être employés qu'en acquisition d'immeubles ou de rentes constituées.

d'un prêt ordinaire. Les compensatoires étaient ceux qu'on allouait au cas où il y avait pour le prêteur *damnum emergens* ou *Lucrum cessans*. Enfin les punitoires, étaient accordés contre le débiteur en retard. — (Dumoulin.) — Dans certains parlements il fallait, pour faire courir les intérêts compensatoires et punitoires notamment, une demande en justice, dans d'autres un commandement suffisait, enfin quelques-uns décidaient que l'échéance du terme était suffisante.

En présence d'un tel état de choses, on est tenté de se demander, où donc est la loi ? dans quel cercle agit-elle ? sur quels actes s'étend la prohibition ? Turgot de répondre : « Les cas où la loi est observée et ceux où l'infraction en est tolérée n'étant pas spécifiés par la loi même, le sort des citoyens est abandonné à une jurisprudence arbitraire et changeante, comme l'opinion..... en sorte, que pour ruiner et flétrir un citoyen, qui se reposait avec confiance sur la foi d'une tolérance notoire, il ne faut qu'un juge peu instruit ou aveuglé par un zèle mal entendu. »

Nous devons en effet reconnaître que ce manque d'unité, cette incertitude dans les lois et les jugements étaient excessifs. Le Parlement de Paris nous en fournit la preuve dans un arrêt rendu le 18 janvier 1777, c'est-à-dire à la veille de la Révolution il se termine par ces mots : « En conséquence, fait lad t Cour inhibitions et défenses à toutes personnes ' quelque état ou condition qu'elles soient d'exercer aucune espèce d'usures prohibées par les saints canons reçus et autorisés dans le royaume, ordonnances du royaume, arrêts de la Cour, en quelque matière que ce soit ou puisse être, et même sous apparences feintes et controuvées, de fait de commerce, directement ni indirectement, par elles-mêmes ou par personnes interposées. Fait pareillement défenses à toutes personnes de servir de proxénètes, médiateurs, ou entremetteurs de tels prêts et négociations illicites et prohibées, le tout sous peine de mulctes amendes pécuniaires, bannissements, confiscation de corps et de biens, amendes honorables et autres peines corporelles, selon l'exigence du cas et la gravité du délit, ainsi qu'il est porté par les Ordonnances, arrêts et règlements ci-dessus dits ; ordonne que le présent arrêt sera imprimé : publié à son de trompe en la Cour du palais, au Châtelet de Paris, au bureau de l'hôtel de ville, etc., etc. »

Ce fut je crois, un des derniers monuments de la jurisprudence sanctionnant la prohibition de tout intérêt ; qui en dépit de l'histoire, en dépit de la raison et des faits, refusa jusqu'en 1789 de donner satisfaction à la logique, aux intérêts privés et publics. Ce fut le dernier soupir d'une législation qui par le trouble qu'elle jeta dans les consciences, et par les entraves qu'elle mit au commerce et à l'industrie n'avait que trop vécu.

CHAPITRE VI.

I. PÉRIODE RÉVOLUTIONNAIRE.

II. CODE CIVIL, TRAVAUX PRÉPARATOIRES.

I. Nous sommes en 1789. Avant d'examiner les les lois révolutionnaires d'alors, nous devons au moins. indiquer la révolution intellectuelle qui s'était accomplie lentement, mais sûrement dans les esprits, et qui fut le prélude d'un bouleversement qui ne laissa pour ainsi dire rien subsister de l'ancien état de choses.

La science économique eut pour fondateur français, Quesnay, médecin de Louis XV. Son livre intitulé *Droit naturel* est un chef d'œuvre. Après lui, nous voyons Turgot, dans son mémoire sur les *prêts d'argent* il se montre frappé de l'incertitude qui règne dans la loi ; le manque de respect dont elle est entourée et enfin les conséquences déplorables d'un système prohibitif pour le commerce. Il s'élève avec vigueur contre une telle législation qui à défaut de principes, de raisons vraies et sérieuses, s'appuie sur des préjugés et des contradictions. Maïs laissons la parole à un tel maître : « J'oserai trancher le mot. dit-il, les lois reconnues dans les tribunaux sur la nature de l'argent sont mauvaises ; notre législation s'est conformée aux préjugés rigoureux sur l'usure, introduits dans les siècles d'ignorance par des théologiens qui n'ont pas mieux entendu le sens de l'écriture que les principes du droit naturel. » Et il termine par une démonstration sur la légitimité et la nécessité du prêt à intérêt. affirmant qu'il ne peut être raisonnablement limité et à plus forte raison proscrit.

Quesnay, Turgot ne furent pas les seuls à élever la voix. Nous remarquons Mirabeau père, Lavoisier, Condillac, Condorcet, Mirabeau fils. Nous trouvons également Bentham en Angleterre. Dans sa défense de l'usure il combat avec logique et esprit toute prohibition et limitation de l'intérêt. Il veut une liberté pleine et entière ; il veut laisser aux parties contractantes. le soin de débattre le taux de l'intérêt. Après avoir établi et développé ces propositions, il les appuie sur des monuments législatifs, sur ce qui est permis et se demande : pourquoi la liberté serait-elle restreinte quand elle est acceptée à l'égard du prêt à la grosse ? et enfin réfute la théorie d'Aristote.

« Une considération qui ne s'est pas présentée à l'esprit de ce grand philosophe, ajoute Bentham, et qui si elle s'y fut présentée, n'aurait pas été tout à fait indigne de son attention, c'est que, bien qu'une darique fut aussi incapable d'engendrer une autre darique que d'engendrer un autre bélier, ou une brebis ; un homme cependant avec une darique empruntée pouvait acheter un bélier et deux brebis qui laissées ensemble, devaient probablement au bout de l'année produire deux ou trois agneaux ; en sorte que cet homme en venant, à l'expiration de ce terme, à vendre son bélier et ses deux brebis pour rembourser sa darique, et en donnant, en outre, un de ses agneaux pour l'usage de cette somme, devait encore se trouver de deux agneaux ou d'un au moins plus riche que s'il n'avait point fait ce marché. »

Les partisans de la prohibition n'ont pas encore, que je sache, trouvé de réplique à cette argumentation.

Les 3-12 octobre 1789 au lendemain de la réunion de l'Assemblée nationale, Pétion de Villeneuve demande que l'on autorise le prêt à intérêt et à temps. A l'appui de cette motion, l'abbé Goutte s'exprime en ces termes : « Rien ne produit rien, dit le seigneur, mais l'argent est la semence du commerce, comme le grain est la semence du blé. » Et l'abbé Maury ajoutait : « Nulle puissance ne peut conserver son rang parmi les nations sans le commerce et le commerce ne peut exister, sans le prêt à temps et à intérêt. Cette question n'en est pas une de religion, mais de politique. »

L'Assemblée nationale rendit alors le décret ci-après :

« Tous les particuliers, corps, communautés et gens de main-morte, pourront à l'avenir prêter de l'argent à terme fixe avec stipulation d'intérêts suivant le taux déterminé par la loi, sans entendre rien innover aux usages du commerce. » Le prêt à intérêt est autorisé, la prohibition est levée. Les économistes triomphent imparfaitement, il est vrai, ils voulaient la liberté pleine et entière. l'Assemblée nationale n'accepte qu'une partie de leur théorie, le prêt est réglementé, il est limité au denier vingt (5 %) par le dernier édit sur les rentes. Il est vrai que la liberté entière sans limitation avait été demandée par Pétion de Villeneuve. « On peut, disait-il, proposer de rendre l'argent commerçable, la concurrence en diminuera le prix. » Et Target de s'écrier : « Éloignez toute fixation de taux et tenezvous en aux conventions particulières. »

L'histoire s'est chargée de répondre à ces deux hommes pendant la trop longue expérience que l'on fit quelques mois après de leur théorie.

Pendant la déplorable période de 1793, l'état financier de la France était des plus triste. La Convention, dépourvue d'argent et incapable de s'en procurer, inventa les assignats. Le législateur, pour protéger son papier-monnaie contre les répugnances qui se firent jour dès l'origine, décréta une série de répressions à l'effet de proscrire entièrement l'argent monnayé. L'art. I de la loi des 11 et 16 avril 1793 édictait une peine de six années de fers contre ceux qui, dans n'importe quelle transaction, feraient usage de l'argent.

La Terreur perfectionna un tel état de choses; il n'y eut plus de bornes. « Les intérêts, dit M. Troplong, devinrent donc démesurés, toute règle avait disparu dans ces temps de confusion, et la loi de 1789 se trouvait forcément paralysée. »

Le VI floréal an III, le gouvernement révolutionnaire revint sur la loi de 1793, en déclarant marchandise le numéraire en or et en argent, et en autorisant la réouverture des Bourses. Il croyait que ces mesures allaient ranimer la confiance et faire revivre les transactions. Il fallait d'autres moyens plus actifs qu'un décret, pour opérer un pareil mouvement après les secousses terribles que la société française venait de subir et subissait encore. L'incertitude était trop grande, on n'était pas assuré du lendemain ; et, en effet, le II prairial an III la Convention rapportait son dernier décret et ordonnait l'exécution des lois antérieures prohibant le commerce de la monnaie métallique.

Le V thermidor an IV parut une nouvelle loi qui clôt la série de ces mesures révolutionnaires, son article 1er est ainsi conçu : « A dater de la publication de la présente loi, chaque citoyen sera libre de contracter comme bon lui semblera : les obligations qu'il aura souscrites seront exécutées dans les termes et valeurs stipulés. »

Comme on le voit, plus de prohibition, liberté de contracter suivant l'accord des parties. Cette loi se justifie par l'état des esprits encore inquiets des bouleversements dont notre pays avait été le théâtre. Mais ce fut pour peu de temps, avec le retour de l'ordre, l'argent reparut. Le besoin de la

limitation du taux de l'intérêt se fit sentir au point
que les chambres et les tribunaux de commerce réclamèrent une loi sévère contre l'usure.

II. — Art. 1907 et loi du 3 septembre 1807.

Lors de la discussion du code civil (art. 1907),
personne ne réclama la prohibition absolue de tout
pret à intérêt. Tous furent unanimes pour en reconnaître la légitimité.

Mais deux partis furent en présence demandant :
le premier, que l'on abandonnât à chacun le soin
de fixer le taux de l'intérêt; le second soutenant,
au contraire, qu'une limitation légale était nécessaire.

MM. Regnaud de St-Jean d'Angely, Treilhard,
Bérenger, tous défenseurs des théories de Turgot et
de Bentham, réclamèrent liberté pleine et entière.

« C'est un inconvénient, dit M. Regnaud, de
porter une loi qui sera éludée au gré des parties,
car il sera facile de masquer la stipulation d'un intérêt excédant le taux que la loi aurait porté.

« C'est un autre inconvénient non moins fâcheux
que de mettre le système de législation en contradiction avec le système administratif, de lier les
particuliers dans leurs négociations à une règle
dont le gouvernement sera forcé de s'écarter dans
les siennes. »

M. de Malleville, partisan de la limitation, s'exprimait ainsi : « Un État ne peut subsister sans
une telle loi..... il suffit, au reste, de la triste expérience que nous en avons faite..... A-t-on jamais

vu en France l'argent porté à un taux aussi scandaleux que depuis que la Convention a lâché législativement cette déclaration imprudente que l'argent était une marchandise !..... On a dit que ce sont les circonstances qui font le taux de l'intérêt : c'est une erreur..... »

Le consul Cambacérès ne fut pas moins énergique en faveur de la limitation du taux de l'intérêt. Après un long débat. un nouveau projet devenu l'art. 1907 fut adopté.

Ce texte était incomplet. C'était une sorte de pierre d'attente. La loi du 3 septembre 1807 acheva l'œuvre du législateur de 1804 : « Le temps est venu où il s'agit d'examiner si cette fixation est nécessaire. Il suffit, pour le décider, de jeter les yeux sur les maux qu'a produits et que produit encore l'arbitraire dans la stipulation. Il est reconnu que le taux excessif de l'argent attaque la propriété dans ses fondements; qu'il mine l'agriculture; qu'il empêche les propriétaires de faire des améliorations utiles ; qu'il corrompt les véritables sources de l'industrie ; que par sa pernicieuse facilité de se procurer des gains considérables. il détourne les citoyens des professions utiles et modestes; enfin qu'il tend à ruiner des familles entières et à y porter le désespoir. Le commerce lui-même est bien loin de réclamer une exception à ces principes. Les négociants honnêtes savent que cette source féconde de la prospérité des nations n'est utile qu'autant qu'elle porte sur des obligations naturelles... (1) »

Ce fut donc au nom de l'expérience, au nom de l'intérêt public et privé que la loi de 1807 fut votée. On lui a reproché d'être réactionnaire. Laissons de côté toute idée politique. Écartons également les théories très-belles, il est vrai, en tant que théories, et demandons-nous humainement si, oui ou non, la loi de 1807 était utile? Interrogeons l'histoire, cet enseignement par excellence. Reportons-nous à la discussion. Cette loi fut votée par 126 voix contre 23. Le législateur comprenait qu'il fallait arrêter l'audace de l'usure, qui sans pudeur aucune portait le trouble, disons-mieux, la ruine au sein des familles; est-ce que des plaintes sans nombre ne s'élevaient pas de tous côtés? Les tribunaux et chambres de commerce en témoignent plus qu'à suffire. Le tribunal de commerce de Paris, notamment, faisait observer que l'usure qui se produisait alors d'une manière excessive, avait pour triste résultat de multiplier les faillites, et que l'on était obligé d'admettre les créances les plus usuraires et de les faire venir en concurrence avec les créances les plus légitimes et les plus honnêtes. Cette loi, nous dit M. Paillet (2), fut accueillie comme un

---

(1) Extrait de l'exposé des motifs de la loi du 3 septembre 1807, présenté par M. Jaubert.

(2) Extrait du *Discours* de M. Paillet, rapporteur de la loi du 27 décembre 1850, sur l'usure. — Nous devons indiquer deux décrets rendus les 15 et 13 janvier 1814, au moment des désastres dont fut marqué la chute du premier Empire. — Le premier de ces décrets laissait les

bienfait par l'opinion publique, elle venait mettre un terme à des exigences scandaleuses que la législation antérieure avait autorisée et pour ainsi dire provoquée. » — En conséquence, nous estimons que la loi du 3 septembre 1807, qui fixe le taux de l'intérêt à cinq pour cent en matière civile et à six pour cent en matière commerciale, fut utile et necessaire.

---

prêteurs sur dépôts de marchandises, libres de stipuler jusqu'au 1er janvier 1815, le taux qui leur convenait.

Le second décret suspendait également jusqu'à la même époque la loi du 3 septembre 1807 sur toutes les matières de prêt à intérêt.

CHAPITRE I.

DES INTÉRÊTS SOUS LE CODE CIVIL.

Il existe deux grandes classes d'intérêts.

1º L'intérêt conventionnel: 2º l'intérêt légal.

Le premier est le résultat d'une stipulation, d'un accord exprimé des parties. Le second est produit par la loi sans stipulation du créancier et du débiteur. Cette espèce d'intérêts trouve comme le premier une définition dans le mot qui le désigne. — Etudions ces deux sortes d'intérêts.

CHAPITRE II.

DES INTÉRÊTS CONVENTIONNELS.

L'art. 1905 C. civ. nous dit : « Il est permis de stipuler des intérêts pour simple prêt, soit d'argent, soit de denrées, ou autres choses mobilières. »

Le législateur n'a pas seulement réglementé le prêt d'argent, son zèle s'est étendu plus loin. il s'est étendu à toutes les choses mobilières susceptibles de produire des intérêts.

Les choses immobilières pourraient-elles former l'objet d'un contrat de prêt à intérêt? Je ne le pense pas ; prenons un exemple. Je vous prête mon magasin pour y déposer des marchandises, et au contrat que nous formons ensemble, je stipule que vous me verserez 100 fr. tous les mois. — Nous sommes en présence d'un contrat de louage. Le débiteur locataire sera tenu envers moi à l'expiration de sa jouissance de me remettre le magasin même que je lui ai prêté et non un autre, tandis que dans le contrat de prêt proprement dit, il serait obligé de me restituer une chose d'égale valeur et bonté. Dans le premier contrat, il est et reste locataire détenteur à titre précaire, tandis que dans le second il est propriétaire incommutable de la chose objet du prêt. Dans le premier cas, la redevance qu'il me paiera s'appellera fermage et dans le second intérêt.

Les immeubles, nous le savons, ne peuvent constituer un contrat de prêt à intérêt.

Est-ce qu'une somme d'argent ne pourrait pas *a contrario* donner naissance au contrat de louage? Un changeur emprunte 10,000 fr. en pièces d'or de 100 fr. afin de les exposer dans sa vitrine et s'engage à restituer les mêmes pièces, c'est-à-dire que chacune d'elle actuellement prêtée devra être rendue. Enfin, le prêteur stipule une somme déterminée comme ·indemnité de la privation de son argent.

Ici, bien que les choses, objet du prêt, soient mobilières, nous avons un contrat de louage et si l'indemnité n'avait pas été fixée, nous aurions eu un commodat.

Enfin, il est de rigueur que la stipulatton d'intérêts soit ajoutée à un prêt de choses considéiées comme fongibles par les parties, c'est-à-dire au prêt qui transfère la propriété à l'emprunteur et l'oblige à rendre, non pas la chose même qu'il a reçue, mais une autre chose semblable.

L'intérêt conventionnel peut excéder le taux légal toutes les fois que la loi ne le prohibe pas. Telle est la déclaration législative de l'art. 1907. Ce texte est obscur et nous devons avouer qu'il serait incompréhensible sans la parfaite connaissance où nous sommes des éléments qui l'ont produit. Il fut l'objet d'une lutte ardente au sein du Conseil d'État entre MM. de Malleville, Cambacérès, Tronchet, d'une part, et de l'autre, Regnault, Treilhard, Béranger. Le 3 septembre 1807 une loi célèbre fixait le taux de l'intérêt à cinq pour cent en matière civile et à six pour cent en matière commerciale, en ajoutant comme sanction contre les contrevenants des peines pécuniaires et correctionnelles.

La poursuite contre les usuriers ne devait pas s'arrêter en si beau chemin. Les 19-27 décembre 1850 le législateur comprit le besoin d'accroître sa rigueur contre ces sortes de gens. Nous examinerons plus loin ce monument législatif.

Le taux de l'intérêt conventionnel doit être fixé par écrit ajoute la loi de 1807. — Pourquoi? La loi a songé aux malheureuses victimes de l'usure; elle a voulu, par cette stipulation écrite, mettre un terme à ce fléau par l'impossibilité où serait le créancier de prouver un contrat établissant des intérêts abusifs.

Voici en quels termes s'exprimait M. Boutteville dans son rapport au tribunat : « Ah! les vampires qui abusent de la misère, de l'infortune, ce n'est pas au grand jour qu'ils destinent les honteuses stipulations par lesquelles ils préparent la ruine de leurs victimes ; ce n'est pas à la face des tribunaux qu'ils réclament le paiement des scandaleuses, des effrayantes usures qu'ils ne rougissent pas de se permettre ; c'est dans l'ombre et loin des yeux du public qu'ils consomment leurs iniquités et s'en assurent les fruits. Oui, législateurs,

indépendemment des puissants motifs qui justifient, qui réclament la disposition. cette seule pré-
caution de la loi serait une garantie suffisante pour
la morale publique contre les debordements, les
ravages de l'usure qu'on apprehende. »

Ces expressions sont énergiques. Les sentiments
du rapporteur sont louables. Plus de soixante années se sont depuis écoulées, le succès a-t-il ré-
pondu à l'attente des législateurs de 1807? Nous
ne le pensons pas. L'usure est toujours prospère et
l'imagination des agioteurs fertile en détours. Nous
en exposerons quelques-uns des plus usuels.

Que décider lorsqu'il s'agit d'une valeur infé-
rieure à cent cinquante francs? Le taux de l'interèt
doit-il alors être fixé par ecrit? Est-ce à dire que,
e créancier, en cas de non stipulation écrite, ne
pourrait pas déférer le serment au débiteur, ni faire
procéder à un interrogatoire sur faits et articles?
M. Duranton conteste ce droit. « On peut, dit-il,
considérer la promesse non rédigee par ecrit, comme
en droit romain, ou considerait la promesse d'intérêts qui, dans un contrat de prêt, n'etait point
faite en la forme de la stipulation, mais du simple
pacte ; promesse qui ne produisait aucune action et
nous ne croyons pas que la loi du 7 septembre 1807
ait implicitement abrogé cette disposition (1). »

Cette théorie est-elle fondée? Nous ne le pensons
pas. D'abord que vient faire le droit romain dans

____

(1) T. XVII, nº 598.

l'espèce, nous n'avons plus besoin du formalisme de cette époque. Écartons, en conséquence, ces distinctions de la loi romaine et songeons à examiner la question au simple point de vue qui nous occupe.

Le législateur repousse la preuve testimoniale à cause de ses dangers suffisamment connus. Or, ici c'est le créancier qui fait appel au débiteur. Est-ce que celui-ci sera fondé à dire que son témoignage est sans valeur? Non, assurément. La loi, il est vrai, dans l'art. 1907. exige un acte écrit, *ad probationem* et non pas *ad solemnitatem*.

Ensuite, l'écriture est-elle la seule espèce de preuve laissée au prêteur? Nous ne le pensons pas. Le créancier pourra recourir à un interrogatoire sur faits et articles, à l'aveu judiciaire, au serment décisoire.

M. Duranton lui dénie un pareil droit. Nous estimons que son avis ne peut être suivi en présence du texte formel régissant ce mode de preuve.

L'aveu judiciaire fait pleine foi contre celui qui l'a fait.

Le serment décisoire, suivant les art. 1358 et 1360 C. civ., peut être déféré sur quelque espèce de contestation que ce soit; il peut être déféré en tout état de cause. L'interrogatoire sur faits et articles peut être également demandé, art. 324, C. proc.

Après de pareils monuments législatifs, la théorie de M. Duranton n'a pas besoin d'une plus ample réfutation.

La loi de 1807 exige la stipulation écrite des intérêts. Mais lorsque les parties conviennent que la somme prêtée produira intérêts sans en fixer le taux, cette simple mention suffira pour faire décider que ce sera le taux légal, sauf présomption contraire résultant des circonstances de la cause. Au premier aspect, une telle stipulation ne devrait avoir rien de valable, vu le texte formel ordonnant la fixation par écrit du taux de l'intérêt. Avant la loi de 1807, la question aurait pu se produire utilement, mais depuis cette époque, il ne saurait en être ainsi à cause de cette présomption d'ailleurs bien fondée que les contractants se sont référés au taux légal; la jurisprudence s'est formée en ce sens. (Dolloz., P. 54, 5, 445).

Souvent les tribunaux ont eu à se prononcer sur la question de savoir : si telle ou telle convention équivalait à une stipulation d'intérêts, si par cette expression, *jusqu'à une certaine époque,* impliquait une dette d'intérêts pour après l'expiration de cette époque. Que la clause, sans intérêts jusqu'alors, ou sans intérêts jusqu'au terme stipulé, devait être interprétée de la même manière. Il est arrivé que des clauses conçues exactement dans les mêmes termes, ont donné lieu à des interprétations différentes.

Nous devons déclarer que dans tous ces cas on doit interpréter la volonté des parties et ne pas fixer une règle de droit sur des données aussi vagues.

La loi du 3 septembre 1807 qui règle le taux de

l'intérêt dans le contrat de prêt, s'applique-t-elle
à tous les autres contrats sans exception?

Nous ne le pensons pas. L'attention du législateur s'est portée exclusivement sur les conventions
de prêts d'argent, pour s'en convaincre, il suffit de
lire le texte même de la loi. — Empruntons un
exemple au contrat de vente.

Je vous vends ma propriété moyennant 100.000fr.
A cette clause, nous ajoutons la suivante : Jusqu'au jour du paiement qui aura lieu dans dix ans,
cette somme produira des intérêts annuels de dix
pour cent. A l'expiration de la première année, je
demande 10,000 francs à mon acheteur. Lui de me
répondre, je ne vous dois que 5,000 francs, la loi
du 3 septembre 1807 fixe le maximum de l'intérêt à
cinq pour cent. Toute perception supérieure est
usuraire. Or, vous avez stipulé dix pour cent, contrairement à la loi de 1807 ; vous l'avez donc violée, votre demande est en conséquence injuste et
mal fondée ; je ne vous dois que 5,000 francs.

Les arguments de l'acheteur semblent concluants
et néanmoins nous n'hésitons pas à donner gain
de cause au vendeur.

D'abord la loi du 3 septembre 1807 a réglementé
uniquement le prêt à intérêt : « lorsqu'il sera
prouvé, dit le législateur, que le prêt conventionnel a été fait à un taux excédant celui qui est fixé
par l'article Ier, le prêteur sera condamne par le
tribunal saisi de la contestation.... Tout individu
qui sera prévenu de se livrer habituellement à l'u-

sure, sera traduit devant le tribunal correctionnel et, en cas de conviction, condamné à une amende qui ne pourra excéder la moitié des capitaux qu'il aura prêté à usure. »

Dans l'espèce sommes-nous en présence d'un prêteur? Nous sommes en face d'un vendeur, par conséquent la loi de 1807 ne le regarde pas. Et en effet, le législateur en édictant cette loi, a eu pour objet de venir au secours de l'emprunteur malheureux placé à la merci d'un créancier impitoyable, envers lequel il s'est engagé sans un consentement libre et parfait. En est-il de même de l'acquéreur? Évidemment non. On peut être contraint de vendre, on n'est jamais forcé d'acheter. Le consentement de l'acheteur n'a pas subi de pression; cela est si vrai, c'est que la loi elle-même, dans l'art. 1683. C. civ. lui refuse toute espèce de demande en rescision lorsqu'il se prétend lésé.

Nous devons donc conclure que, la prétention du vendeur est fondée, puisqu'il pouvait vendre son immeuble 200,000 frans. La loi de 1807 n'est pas, en conséquence, applicable au contrat de vente.

La réponse serait tout autre, si à l'époque de paiement du prix, l'acquéreur ne pouvant se libérer, avait demandé un délai. Nous serions alors en face d'un contrat de prêt faisant suite à la vente.

La stipulation de dix pour cent serait certainement usuraire et tomberait sous la répression édictée par la loi de 1807.

L'art. 1908 porte que la quittance donnée sans réserve des intérêts fait présumer le paiement et en opère la libération. Il suffit de se reporter à l'art. 1254 C. civ., pour reconnaître l'induction logique de la loi. Le créancier a droit en vertu de l'art. 1254 C. civ., d'imputer d'abord sur les intérêts, toute somme payée par son débiteur et il ne manquera pas de le faire, puisque la créance d'intérêts n'est pas productive d'arrérages comme le capital, que, de plus, elle est prescriptible par un temps bien plus court (art. 2277). Lors donc qu'il donne à son débiteur quittance du capital, il y a tout lieu de croire que les intérêts ont été antérieurement acquittés. — J'ajoute qu'il existe dans cet article 1908 une présomption légale *juris* et *de jure* contre laquelle on ne saurait admettre de preuves. (Art. 1352, C. civ.).

L'on pourrait convenir valablement, selon nous, que les intérêts seront payés avec le capital.

Primus emprunte de Secundus 100,000 francs, remboursables dans dix ans ; Secundus stipule que les intérêts ne lui seront pas annuellement versés, qu'ils ne le seront qu'à l'échéance, soit dans dix ans. En sorte que Primus devra alors 150,000 francs. Est-ce valable ? Oui , selon nous. Non, suivant M. Pont. Le savant continuateur de Marcadé se base sur les art. 2277 et 2220. J'affirme que ces textes ne sont pas applicables. Les intérêts se prescrivent par cinq ans, soit. Mais la prescription ne peut courir qu'à dater de l'échéance ; or, l'échéance est dans dix ans et non pas chaque année. L'article 2220 trouve sa réfutation dans ce raisonnement. Je ne renonce en aucune manière à la prescription.

Et quant à l'art. 1154 C. civ., il vise un point spécial qui n'a rien de commun avec notre hypothèse. La convention est donc licite.

CHAPITRE III.

DES INTÉRÊTS MORATOIRES.

L'ancien droit français, malgré sa rigueur en matière de prêt à intérêt, avait admis législativement les intérêts moratoires. L'article 60 de l'ordonnance d'Orléans nous en fournit la preuve. Mais le taux n'était pas fixé, il était variable suivant la qualité des créanciers et la quotité du préjudice causé par le retard du débiteur. La jurisprudence d'alors remédia à cette imperfection bien avant l'édit de 1770 par la fixation dans tout le royaume du denier vingt (5 0|0). La loi du 3 septembre 1807 a reproduit l'édit de 1770, et l'article 1153 C. civ. a renouvelé les dispositions de l'ordonnance d'Orléans.

Il est essentiel de ne pas confondre les intérêts moratoires avec les intérêts compensatoires, les intérêts moratoires sont régis par l'article 1153 C. civ. ainsi conçu : « Dans les obligations qui se bornent au paiement d'une certaine somme, les dommages et intérêts résultant du retard dans l'exécution, ne consistent jamais que dans la condamnation aux intérêts fixés par la loi, sauf les règles particulières au commerce et au cautionnement.

Ces dommages et intérêts sont dus, sans que le créancier soit tenu de justifier aucune perte. Ils ne sont dus que du jour de la demande. excepté dans les cas où la loi les fait courir de plein droit.

I. L'article 1153 C. civ. s'occupe donc spécialement des dommages et intérêts résultant du retard dans le paiement d'une somme d'argent. Le législateur en a fixé le quantum, lequel sauf exception ne peut dépasser cinq pour cent.

Quels motifs ont déterminé la fixation d'un taux certain et invariable?

« Comme ces dommages varient à l'infini, nous dit Pothier, et qu'il est aussi difficile de les prévoir que de les justifier, il a été nécessaire de les régler comme par une espèce de forfait à quelque chose de fixe. »

Est-ce que l'on ne peut pas en dire autant de toutes les autres conventions? Est-ce qu'elles ne changent pas continuellement? et néanmoins toute fixation par avance du dommage ne serait rien moins qu'arbitraire. Il importait donc de s'en remettre à l'appréciation du juge.

Cet argument proposé par Pothier, ne nous satisfait pas. Nous estimons que l'on peut dire en faveur de cette décision, qu'il importe avant tout que le débiteur connaisse la portée de son engagement à cause des variations fréquentes et imprévues de la valeur de l'argent ou de son utilité pour le créancier selon l'époque. La mission du juge ne saurait donc s'exercer sans inconvénient et pour apprécier le montant des dommages et intérêts, il lui faudrait souvent s'immiscer dans les affaires et la fortune du citoyen.

Depuis 1807, nous avons cet autre motif que le législateur ayant déterminé lui-même la valeur maximum de l'argent et refusé de prendre en considération les circonstances particulières, ces circonstances ne sauraient sous aucun prétexte entrer en compte.

Nous sommes donc en présence d'une véritable exception ; disons mieux, en présence d'une espèce particulière, le prêt à intérêt régi par la loi de 1807 et le code de commerce. Le débiteur est-il en retard à s'acquitter du paiement de sa dette, le créancier ne pourra invoquer que les dispositions de l'article 1153 C. civ. et demander pour tous dommages et intérêts, que le taux legal de l'argent; peu importe le préjudice qui en résultera pour lui, le débiteur répondra : Je suis en retard à m'acquitter, c'est vrai, voici les intérêts fixés par la loi de 1807, je ne vous dois pas autre chose.

Examinons les règles particulières au commerce et au cautionnement. Le législateur ne nous parle que de ces deux exceptions. Or, nous estimons qu'il en existe une troisième et nous la trouvons dans l'article 1846 au titre du contrat de société.

1. La caution..... « a aussi recours pour les dommages et intérêts s'il y a lieu. » C'est là une application des règles du mandat (art. 2001). Il ne faut pas en effet que la caution soit dupe du service qu'elle rend: « Nemini suum officium damnosum

esse debet. » Si le retard qu'a mis le débiteur principal à payer sa dette a exposé la caution aux poursuites d'un créancier impitoyable, si ses biens ont été saisis et vendus, son droit à des dommages et intérêts est incontestable. A la condition toutefois que la caution n'ait aucune faute à se reprocher.

II. L'article 178 code de commerce prévoit une hypothèse voisine : « Celui sur qui une lettre de change est tirée refuse de la payer au jour de l'échéance. Le propriétaire de la lettre, qui l'a fait protester, peut, par forme de dommages et intérêts du retard qu'il a souffert exiger du tireur et des endosseurs le réchange, quand même il excéderait l'intérêt de l'argent. On appelle rechange le profit qu'il a payé à des banquiers sur le lieu, afin d'avoir de l'argent pour des lettres de change, à la place de celui qu'il devait recevoir sur le lieu (1). »

III. L'article 1846 C. civ. ainsi conçu me fournit la troisième exception. — « L'associé qui devait apporter une somme dans la société et qui ne l'a point fait devient de plein droit et sans demande, débiteur des intérêts de cette somme à compter du jour où elle devait être payée. Il en est de même à l'égard des sommes qu'il a prises dans la caisse sociale à compter du jour où il les en a tirées pour son profit particulier ; le tout sans préjudice de plus amples dommages et intérêts s'il y a lieu. »

---

(1) Pothier, *Traité des obligations,* nº 171.

Ce texte est suffisamment clair, il est donc inutile d'insister pour l'instant.

En dehors des exceptions prévues par l'article 1153, la convention des parties peut-elle modifier la règle ? MM. Aubry et Rau posent en ces termes la question sans la développer : « Le créancier qui en stipulant le remboursement à jour fixe de la somme à lui due, aurait indiqué au débiteur un dommage spécial, tel que la déchéance d'une faculté de réméré, devant résulter pour lui du défaut de remboursement au terme convenu, ne pourrait, malgré cela, réclamer que les intérêts moratoires au taux légal. »

Un premier système, professé par MM. Toullier et Duranton, enseigne la validité d'une pareille clause. Voici les arguments du premier de ces jurisconsultes : « Une pareille stipulation n'a rien de contraire aux lois, elle est conforme à leur esprit ainsi qu'à l'équité. Le débiteur a connu l'événement, dont il a garanti les suites, il est en faute de les avoir occasionnées en ne payant pas au terme convenu. On peut encore donner pour exemple le cas où il est exprimé dans l'acte, que la somme doit à l'échéance du terme être employée à exercer un réméré ou à tel autre objet désigné. Dans ce cas et autres semblables, si faute du remboursement promis, le créancier se trouve déchu du rachat qu'il voulait exercer..... il a droit à des dommages et intérêts autres que l'intérêt légal. »

Nous avons tenus à transcrire les arguments

mêmes de M. Duranton, pour bien se convaincre du peu de solité de son opinion, bien qu'il ajoute ensuite que, s'il existait un taux usuraire, il y aurait lieu à une action en réduction. Enfin M. Toullier, non moins explicite, affirme que le créancier aurait droit à des dommages et intérèts autres que l'intérêt légal.

Ces deux jurisconsultes font véritablement peu de cas et de la loi de 1807 et de notre article 1153, lequel déclare nettement que, les dommages et intérêts résultant du retard dans l'exécution, ne consistent jamais que dans la condamnation aux intérêts fixés par la loi.

Nous allons essayer de refuter cette doctrine, par l'exposé même du second système que nous adoptons entièrement. Cette deuxième théorie se base sur l'histoire, la tradition, l'article 1153 et la loi du 3 septembre 1807.

Le législateur romain condamnait une telle convention comme illicite : « Pœnam pro usuris stipulari nemo supra modum usuram licitum potest. » (Loi 44 D. *de usuris*).

Mabillon, formule 59, nous déclare que sous la période mérovingienne, la prohibition n'était pas moins vive.

Pothier, dans son traité des obligations, n° 170, nous dit : « Comme les différents dommages et intérèts, qui peuvent résulter du retard de l'accomplissement de l'obligation qui consiste à donner une certaine somme d'argent, varient à l'infini, et qu'il est aussi difficile de les prévoir que de les justifier, il a été nécessaire de les régler comme par une espèce de forfait à quelque chose de fixe, c'est ce qu'on a fait en les fixant aux intérêts de la somme due au taux de l'ordonnance. »

Nous connaissons l'article 1153, lequel avec une véritable énergie proclame que *jamais* les dommages et intérêts ne pourront dépasser le taux légal ; c'est-à-dire 5 0|0 en matière civile et 6 0|0 en matière commerciale. Les motifs de l'art. 1153 et de la loi de 1807 sont toujours présents à nos yeux. Le législateur a voulu protéger l'emprunteur contre ses propres entraînements, contre les exigences d'un créancier avide qui pourrait stipuler des intérêts de 5 0|0 par chaque mois de retard et même davantage. C'est là ce que la loi n'a pas voulu et à juste raison. Enfin, le système de M. Toullier conduirait à des conséquences terribles que l'on peut résumer en deux mots : *usures* et *procès*. Par suite, nous repoussons la première théorie.

II. Généralement dans les obligations, pour que le créancier puisse exiger des dommages et intérêts, en cas d'inexécution du contrat, il faut qu'il justifie un préjudice. Dans notre article 1153 nous ne trouvons rien de tel, nous lisons en effet : « ces dommages et intérêts sont dus sans que le créancier soit tenu de justifier aucune perte. » Et le texte ajoute : « Ils ne sont dus que du jour de la demande, excepté dans les cas où la loi les fait courir de plein droit. »

Pour que les intérêts moratoires prennent naissance, il faut une *demande*.

Que veut dire ce mot ? Est-ce une demande verbale, écrite, judiciaire ou extra judiciaire. Il va de soi qu'une demande verbale ne donnerait pas naissance à un tel droit. L'on doit adopter la même solution au cas où elle serait formée par lettre et même par lettre recommandée.

Un arrêté du conseil de préfecture du département du Nord avait décidé qu'une demande officieuse, par lettre missive. adressée au préfet était suffisante pour faire courir les intérêts moratoires. Une telle jurisprudence ne pouvait pas vivre, et en effet le 9 mars 1854, cette décision était annulée par le conseil d'Etat. Dalloz 1854, 3 p. page 44.

Mais un commandement, une saisie ? ce n'est pas encore saffisant. M. Mourlon déclare que, le législateur n'a pas été logique sur ce point. Nous estimons que ce reproche n'est pas fondé. Que demande le créancier par de telles formalités ? le remboursement de son capital et souvent avec les arrérages. Son intention est-elle de faire courir les intérêts ? Evidemment non, en conséquence la critique de M. Mourlon n'est pas équitable

Une demande en justice, nulle en la forme, ne fait pas courir les intérêts, car un tel acte est sans existence juridique.

Que décider à l'égard d'une demande valable en la forme, mais portée devant un juge compétent, fera-t-elle courir les intérêts ?

Un premier système enseigne l'affirmative, et se base sur les arguments ci-après. L'article 57 du code de procédure civile place sur la même ligne, la demande d'intérêts et l'interruption de prescription. Or, l'article 2246 décide que la citation en justice donnée devant un juge incompétent, interrompt la prescription, par suite, doit nécessairement faire courir les intérêts. l'action est la même, et la volonté du créancier n'est pas moins certaine.

Nous pensons que cette théorie procède mal, et nous nous rangeons à cette autre doctrine.

La demande d'intérêts formée auprès d'un juge incompétent est un acte nul. Il n'est pas nécessaire d'avoir approfondi le droit pour en être convaincu. On objecte l'article 2246, nous ne le contestons pas, là où il doit être appliqué, nous disons que le législateur a fait une exception à l'égard de l'interruption de prescription. Mais conclure de cet article pour affirmer que le même bénéfice doit être étendu à notre question est impossible, car si telle eut été la volonté de la loi, assurément elle se fut exprimée. Cette analogie de l'article 2246, avec la demande d'intérêts est en tout point inexacte. De plus, l'article 2246 C. civ. a une raison d'être que ne possède pas la prétention d'intérêts nulle en la forme. Car, pour le créancier, il importe dans un cas de conserver son droit tandis que dans l'autre, il s'agit de l'augmenter.

En conséquence, on doit décider en droit et en fait que, la demande d'intérêts nulle en la forme, par incompétence du juge ne doit produire aucun effet, et l'argument de l'article 2246, spécial à la prescription, ne saurait s'étendre à notre espèce.

Ainsi donc, les intérêts courent de plein droit à partir de la demande judiciaire conformément à l'article 57 du code de procédure.

Dans d'autres circonstances, spécialement et limitativement indiquées, une simple sommation suffit, article 474 code civil, cette disposition notamment se justifie pleinement.

Enfin, l'article 1153 C. civ. termine par ces mots :

« Excepté dans le cas où la loi les fait courir de plein droit. » Ce sera l'objet du chapitre suivant.

CHAPITRE IV.

DES INTÉRÊTS LÉGAUX.

La loi indépendamment de toute demande judiciaire, fait en diverses circonstances courir les intérêts de plein droit. Ce sont de véritables dérogations à l'article 1153 C. civ. Nous les trouvons
notamment :

1º En matière de dot.
2º En matière de vente.
3º En matière de société.
4º En matière de dépôt.
5º En matière de mandat.

§ I. *Des intérêts de la dot.*

L'article 1440 C. civ. est ainsi conçu : « La garantie de la dot est due par toute personne qui l'a
constituée, et ses intérêts courent du jour du mariage, encore qu'il y ait terme pour le paiement s'il
n'y a stipulation contraire. »
L'article 1548 C. civ. n'est pas moins formel ;
« Les intérêts de la dot courent de plein droit du
jour du mariage contre ceux qui l'ont promise, encore qu'il y ait terme pour le paiement s'il n'y a
stipulation contraire. »

Le législateur a reproduit dans l'art. 1548 C. civ. les expressions et les termes mêmes de l'art. 1440 Code civil. Peu importe que les époux aient adopté pour base de leur union le régime de la communauté ou le régime dotal, les intérêts courent du jour du mariage, encore bien qu'il y ait terme pour le paiement, s'il n'y a stipulation contraire.

Pourquoi? C'est que la dot étant apportée au mari, à l'effet de supporter les charges du ménage, *ad onera matrimonii ferenda*, celui-ci a dû nécessairement compter sur le bien annoncé et qui devait lui être remis lors de la célébration du mariage; et si le capital en tant que capital, doit demeurer intact entre ses mains, il n'en saurait être de même des fruits ou revenus de ce capital.

Le législateur a donc dérogé sagement à la règle établie par l'art. 1153 Code civil concernant la mise en demeure.

Faut-il une stipulation expresse, ou une stipulation tacite?

Nous pensons qu'une stipulation expresse et solennelle n'est pas nécessaire. On devra examiner le caractère et les termes du contrat pour interpréter la volonté des parties. Examinons quelques hypothèses.

Primus constitue à Secundus une dot de 50,000 francs exigibles seulement à l'époque de son décès; silence des parties en ce qui concerne les intérêts. Primus devra-t-il les payer dans l'intervalle qui s'écoulera entre le mariage et la mort? Nous estimons que les intérêts sont dûs en présence des expressions formelles de l'art. 1548 C. civ. Dans l'espèce le terme existe et nous ne rencontrons pas la stipulation contraire dont parle la loi. (Troplong. T. IV. V° 3094).

Que décider si Primus avait promis à Secundus une créance de 10,000 francs payable dans dix ans sans intérêts : les époux seraient-ils fondés à la réclamer? Dans l'ancien droit Secundus eut été recevable dans sa demande (1) dans notre législation il ne saurait en être de même. - - Cette créance que je vous constitue en dot dira Primus, était improductible entre mes mains, il en sera de même pour vous. Je vous la livre telle qu'elle est, en un mot, je vous subroge dans mes droits et actions. Je ne me suis pas constitué vis-à-vis de vous débiteur personnel d'une somme d'argent. Je n'ai pas contracté d'autré obligation que de vous garantir l'existence de la créance. Dès lors, par la remise de mon titre, par la subrogation dans tous mes droits à vous consentis je me suis libéré de ma dette et en conséquence vous ne sauriez exiger de moi des intérêts. Cette opinion a pour elle la doctrine et la jurisprudence. M. Toullier seul est d'un avis contraire; son avis ne peut être raisonnablement suivi.

Les art. 1440 et 1548 devront-ils recevoir leur application, lorsque la constitution de dot compren-

---

(1) Lecamus d'Houlouve, *Traité des intérêts*, p. 20.

dra des meubles non susceptibles de produire des fruits?

Primus constitue en dot à Secundus une lande, avec cette stipulation : qu'elle ne lui sera livrable que dans quatre ans. Secundus aura-t-il droit à des intérêts? Assurément non. Le fonds donné en dot est incapable de produire des fruits et il n'en produit pas ; le mari ou la femme n'y a pu compter. Néanmoins si l'époux avait éprouvé un préjudice dans le retard apporté à la tradition de l'immeuble, il serait en droit de réclamer des dommages et intérêts conformément à l'art 1149 et 1382 ; mais alors, nous ne serions plus dans les termes des articles précités, lesquels ne s'appliquent pas au cas d'un immeuble stérile. Les art. 1440 et 1548 C. civ. sont de droit strict non susceptibles d'extension.

Nous devons en dire autant, lorsque la constitution de dot comprend des meubles meublants. Des intérêts ne pourraient être réclamés, ces objets n'en produisant pas. Les époux ne sauraient demander que des dommages et intérêts calculés sur le préjudice que la privation desdits objets leur aurait fait éprouver.

Les intérêts de la dot ne devraient pas être exigés, du moins en entier, lorsque en dehors de toute stipulation dans le contrat de mariage, le constituant a pris le ménage à sa charge. Tel est par exemple, le cas d'un père qui loge, nourrit et entretient sa fille dotée et son mari, pendant le temps qui s'écoule avant la livraison de la dot. On réputait que ce père était admis à compenser les intérêts avec la valeur de la nourriture et de l'entretien. Il en était de même sous le droit romain et l'ancienne jurisprudence. — Cette doctrine est selon nous très-bien fondée.

2° Intérêts des récompenses.

Les intérêts peuvent être dûs dans trois cas :

1° Par la communauté aux époux ;

2" Par les époux à la communauté ;

3° Par les époux l'un à l'autre.

Les articles 1473 et 1479 sont ainsi concus :

« Les remplois et récompenses dus par la commu-
« nauté aux époux, et les récompenses et indemni-
« tés par eux dues à la communauté, emportent les
« intérêts de plein droit du jour de la dissolution
« de la communauté. »

Art. 1479. « Les créances personnelles que les époux ont à exercer l'un contre l'autre, ne portent intérêt que du jour de la demande en justice. »

L'art. 1473 C. civ. déroge formellement à l'article 1153 C. civ., tandis que l'art. 1479 semble au contraire s'y référer.

L'on donne comme motif de cette disposition, que par suite de la dissolution de la communauté, toute mise en demeure, non-seulement serait inutile, mais impossible. En effet, la communauté n'a plus de chef, donc aucune action ne peut être formée ni en son nom, ni contre elle.

On s'est demandé, si la femme pourrait se prévaloir de l'art. 1473 C. civ., lorsqu'elle renonce à la communauté, ou bien, au contraire, si pour faire produire des intérêts à ses reprises, elle devrait recourir à une demande en justice?

Deux opinions sont en présence :

Un premier système enseigne que la demande en justice est nécessaire. La loi, dans la section V s'occupe, dit-il, du partage de la communauté après l'acceptation. Or la femme en n'acceptant pas renonce, donc l'art. 1473 C. civ. n'est pas applicable. Enfin, on oppose cet adage : *Mulier non est socia sed speratur fore.* Par sa renonciation la communauté se confond dans la personne du mari, la femme ne possède plus qu'une créance personnelle à exercer contre son époux, par suite, l'art. 1479 doit être appliqué.

Un second système affirme que la demande en justice n'est pas nécessaire. Voici son argumentation :

La femme renonçante est réputée, dites-vous, n'avoir jamais été commune, d'abord cet axiome n'existe nulle part, On a comparé, non sans motif, la femme qui renonce à un associé commanditaire; la société marche-t-elle à la ruine, il perdra sa mise; de même, la femme perd sa mise quand elle renonce. Il a existé une communauté débitrice vis-à-vis d'elle et qui doit payer sa dette. Or, affirmer que la créance de la femme contre la communauté, s'est métamorphosée en une créance personnelle contre le mari, est une déclaration inexacte. Ce que je réclame, c'est la dot envisagée par le législateur avec tant de sollicitude. Est-ce qu'il n'existe pas une différence entre la créance commune et la créance sociale ? Vous objectez la renonciation de la femme, Est-ce que cette renonciation n'a pas été établie dans son intérêt même, et ici l'avantage concédé par la loi à la femme se traduira par une série de préjudices, le mari ne saurait être fondé à s'enrichir en conservant par devers lui les intérêts de la dot.

Ce système qui était admis sous l'ancien droit a été sanctionné par un arrêt du Parlement de Paris de 1673. — Sous l'empire du Code. la doctrine presque tout entière soutient cette seconde interprétation, et la jurisprudence de la Cour de cassation s'est prononcée dans le même sens par deux arrêts, l'un du 3 février 1835, l'autre du 9 février 1870. Dalloz 1870, 1re partie, page 120.

Nous croyons devoir nous rendre à cette seconde théorie malgré la logique apparente de la première.

3º Nous savons que l'art. 1479 C. civ., déclare que les créances personnelles que les époux ont à exercer l'un contre l'autre, ne portent intérêts que du jour de la demande en justice. Pourquoi ? Parce que la société conjugale n'a plus d'existence. Chaque époux étant maître de son droit, il s'agit alors de créances de particulier à particulier. et dès lors, nous rentrons dans la règle ordinaire.

De la restitution de la dot.

La restitution de la dot peut avoir lieu dan trois cas :

1º Par la mort de la femme ; 2º par la mort du mari ; 3º par la séparation de biens.

I. Art 1570. « Si le mariage est dissous par la mort de la femme, l'intérèt et les fruits de la dot à restituer courent de plein droit au profit de ses héritiers depuis le jour de la dissolution. »

Les dispositions de ce texte se justifient pleinement. La dot avait été apportée au mari à l'effet de supporter les charges du mariage. Or, le mariage n'existant plus, la dot doit retourner immédiatement aux héritiers de la femme. Il faut distinguer la nature des biens constituant le fonds dotal ; en conséquence, le législateur français s'inspirant en partie de la loi romaine, accorde des délais suivant la nature de la dot, art. 1564, 1565, C. civ. En attendant cette restitution, le mari est débiteur de plein droit des intérêts sans mise en demeure. On a pensé que le mari n'avait pas laissé la dot improductive. Par suite les intérêts ou fruits doivent nécessairement retourner aux héritiers de la femme. Cette première partie de l'art. 1570 C. civ. ne présente donc aucune difficulté.

II. « Si c'est par la mort du mari, la femme a le « choix d'exiger les intérêts de sa dot pendant l'an

« de deuil, ou de se faire fournir des aliments pen-
« dant ledit temps aux dépens de la succession du
« mari ; mais, dans les deux cas, l'habitation du-
« rant cette année, et les habits de deuil, doivent
« lui être fournis sur la succession, et sans impu-
« tatation sur les intérêts à elle dus, art. 1570. C.
« civ. »

La femme a le droit d'option entre les intérêts de
sa dot et des aliments. Enfin, quel que soit son
choix, elle a toujours droit à l'habitation pendant
une année et aux vêtements de deuil, le tout pris
sur la succession du mari. — Est-ce que la volonté,
l'intention du législateur apparaît d'une manière
précise et satisfaisante dans ce second paragraphe
de l'art. 1570? Dans le premier alinéa, nous trouvons tout à la fois les mots *intérêts* et *fruits*. Dans
la deuxième, il n'est plus question que des intérêts.
Or, si la dot consiste en immeubles, la femme
n'aura pas d'intérêts à demander, mais bien des
fruits. Par suite, en prenant ce texte à la lettre
nous arrivons à une injustice révoltante. *Prima*
avait apporté en dot de nombreux immeubles et
4,000 fr. de capitaux. Les héritiers se hâtent sur sa
demande de restituer les immeubles. (art. 1564),
Prima pourra-t-elle leur dire ? Gardez les intérêts
de la dot mobilière. je choisis des aliments, art, 1570
§ 2. A n'examiner que le texte de l'art. 1570 § 2,
Prima semble fondée dans sa prétention, Quoi de
plus injuste ! Elle possède sa dot immobilière, elle
touche et dispose des fruits à sa guise, et sous pré-

texte d'une dot mobilière de quelques milliers francs, elle veut que les héritiers du mari, par suite de son option, lui fournissent des aliments!

J'estime que l'on ne doit pas chercher la volonté du législateur dans les mots interprêtés judaïquement, mais dans l'esprit qui a présidé à la rédaction de ce texte.

L'art. 1570, § 2 ne parle, il est vrai, que des intérêts, néanmoins, je crois avec conviction, que l'on doit comprendre dans cette expression les mots *fruits* ou *revenus* qui se trouvent dans le § 1ᵉʳ. De la sorte, la loi est claire, elle est juste, elle est rationnelle. En conséquence, les héritiers du mari sont fondés à remettre à la femme sa dot entière; mais alors ils ne lui devront ni intérêts ni aliments, ou bien au contraire, ils percevront les intérêts et les fruits de la dot. — Dans tous les cas, la femme aura le droit incontestable d'opter entre les revenus ou les aliments.

Les intérêts et les fruits de la dot à restituer courent de plein droit dans le deuxième paragraphe de l'art. 1570 C. civ., aussi bien que dans le premier, la raison de décider étant la même.

III. Quid. — En cas de séparation de biens?

Nous sommes en présence d'une simple modification apportée au mariage. A partir de quel moment l'art. 1570 est-il applicable? ou mieux, à dater de quel instant les intérêts peuvent-ils être exigés?

'La doctrine et la jurisprudence ont étendu l'article 1570 C. civ. à la séparation de biens.

La controverse ne cesse pas que d'être vive sur le point de savoir à partir de quelle époque les intérêts sont dus.

Une première doctrine enseignée notamment par M. Troplong fixe le point de départ au jour du jugement, elle se base : 1º Sur l'ancienne jurisprudence notamment sur un arrêt du 8 avril 1672 ; 2º toute séparation volontaire étant nulle, le mari ne pouvait remettre à la femme sa dot avant le jugement ; 3º jusqu'au jugement de séparation c'est le mari qui doit faire face aux charges du mariage il doit donc avoir la jouissance des intérêts de la dot destinée à cet usage.

Nous préférons la théorie contraire.

1º A l'ancienne jurisprudence citée par M. Troplong nous opposerons la pratique constante du Châtelet de Paris, laquelle donnait aux sentences de séparation un effet rétroactif au jour de la demande en séparation. Laissons donc de côté l'ancienne jurisprudence, dont les décisions seraient plutôt un appui pour notre doctrine.

2º Dans l'espèce, il ne s'agit pas d'une faute, et nos intérêts ne sont pas seulement des intérêts moratoires, mais aussi des intérêts légaux, dus en vertu des seules prescriptions de la loi et indépendamment de tout retard sans qu'il soit nécessaire d'examiner si le mari pouvait ou non se libérer.

3º Est-ce que le texte n'est pas formel : l'art. 1563,

C. civ. décide que : « Si la dot est mise en péril, la femme peut poursuivre la séparation de biens ainsi qu'il est dit aux art. 1443 et suivants. » Or, l'art. 1445, § 2, déclare que « le jugemeut qui prononce la séparation de biens, remonte quant à ses effets, au jour de la demande. »

Après l'art. 1563 C. civ., se référant à l'article 1445, § 2, est-il besoin d'une plus ample discussion ! Ce qui a été écrit pour le régime de la communauté s'applique au régime dotal, donc les intérêts sont dus à dater du jour de la demande. — Telle est la règle législative. Reste la liquidation qui suivra nécessairement la séparation de biens. Alors, nous admettons sans hésiter que le mari qui, pendant l'instance, aurait supporté les charges du mariage, puisse opposer à la femme en compensation les dépenses qu'il a faites pour elle, et ce sera justice.

Sous le bénéfice de cette observation nous persistons à déclarer, que les intérêts sont dûs à partir du jour de la demande en séparation de biens. L'arrêt de la Cour de Limoges du 17 juin 1835 nous semble par suite préférable à la théorie de la Cour de cassation.

§ II. *Des intérêts d'un prix de vente.*

Art· 1652 Code civ. : « L'acheteur doit l'intérêt « du prix de la vente jusqu'au paiement du capital, « dans les trois cas suivants :

« S'il a été ainsi convenu ;

« Si la chose vendue et livrée produit des fruits
« ou autres revenus ;

« Si l'acheteur a été sommé de payer.

« Dans ce dernier cas l'intérêt ne court que de-
« puis la sommation. »

Les rédacteurs du Code civil ont reproduit la
théorie de Domat.

I. L'acheteur doit les intérêts s'il en a été ainsi
convenu lors de la vente. Rien de plus juste, les
conventions légalement formées tenant lieu de
loi à ceux qui les ont arrêtées, art. 1134 Code civil.

II. L'acquéreur devra les intérêts du prix de la
vente, si la chose produit des fruits ou autres revenus.

Est-ce qu'il n'y aurait pas injustice à décider le
contraire, à dire que l'acheteur profitera et des
fruits ou autres revenus de la chose et des intérêts
de son prix ? Le droit coutumier, nous le savons,
proscrivait avec rigueur les intérêts, mais dans
l'espèce il les admettait. Ces arrérages, en effet, sont
une juste compensation des fruits dont l'acheteur
a bénéficié. La législation canonique avait toujours
reculé devant une défense qui aurait été la négation de l'équité la plus évidente. — Cujas sur la loi
13 § 21, *de action. empt. et vendit.* s'exprime en ces
ces termes : « Non admittam quod etiam hi docto-
« res notant, necjure pontificio improbari usuras
« pretii, quæ venditori debentur post diem tradi-
« tionis; quia coram usurarum causa non est cap-

« tatio lucri ; sed causa eorum est ratio fructuum,
« quorum percipiendorum per traditionem emptor
« facultatem nactus est, ut scilicet fructus rei pa-
« riant, et quodammodo pensent usuræ prtii. »

L'acheteur doit les intérêts à partir du jour de la
tradition à lui faite. Néanmoins, si le vendeur avait
offert la chose et que l'acheteur fut en retard de
s'en livrer et en conséquence de verser son prix, des
intérêts pourraient être dus à dater de la sommation
par le vendeur à l'acheteur de prendre possession
de l'objet vendu.

Enfin, l'acquéreur doit les intérêts s'il a reçu
sommation de payer. Son retard à se libérer empêche le vendeur de jouir d'une somme dont il peut
avoir le besoin le plus urgent, *usuræ istæ debentur
ob violatam contractus fidem.*

Une simple sommation est suffisante. Une demande en justice n'est pas nécessaire, art. 1139.
« La demeure est constatée par une sommation et
le jour où la sommation a été faite est celui depuis
lequel les intérêts commencent à courir. » (Locré,
Leg. civ., T. XIV, page 200,)

Si l'acheteur a reçu sommation de se saisir d'une
chose frugifère et qu'il tardât à s'en livrer nous estimons que des intérêts pourraient être exigés à
compter de la mise en demeure, jusqu'au moment
de la délivrance sous la déduction équitable des
avantages que le vendeur aurait retiré de la chose.
L'acheteur est en faute, ses lenteurs causent un
préjudice au vendeur dont l'objet ne donne que des

produits inférieurs à ceux qu'il aurait pu recueillir du prix ; une réparation est donc nécessaire suivant l'art. 1153, Code civil.

L'art. 1652 décide que l'acheteur doit des intérêts, si la chose vendue et livrée produit des fruits ou autres revenus.

En conséquence, la chose vendue et livrée ne produit-elle pas de fruits, les intérêts ne seront pas dus. Le législateur a voulu sanctionner un principe d'équité ; a-t-il atteint complétement son but ? Nous ne le pensons pas. C'est comme critique que nous apprécions ce paragrapge de l'art. 1652, C. civ.

Exemple : Je vends un tableau, une bibliothèque, un objet d'art, en un mot, une chose non frugifère. Je vous la livre, vous ne me devez pas d'intérêts jusqu'à l'époque du paiement. Est-ce équitable ? Nous ne pouvons le croire. Ce tableau, cette bibliothèque, tous ces objets non frugifères vous procureront un avantage moral. Vous en aurez la jouissance, et vous en retirerez une utilité qu'il ne me sera plus donné d'avoir. La loi a donc manqué de logique. — Telle est l'observation fondée que nous croyons devoir faire à l'art. 1652, C. civ.

§ III. *Des intérêts en matière de société.*

En étudiant l'art. 1153, C. civ., nous avons constaté que le législateur avait formulé dans l'art.

846, Code civil, une exception au principe en général.

A Rome, aucun texte ne faisait courir de plein droit les intérêts, *etiam mora non interveniente*, contre l'associé en retard (1). Et Pothier nous dit (2) : « Lorsque la chose qu'un associé a promis « d'apporter en société est une somme d'argent, « l'associé en doit les intérêts du jour qu'il a été « mis en demeure pas ses asssociés de l'y apporter, « de même que tout autre débiteur. »

Les rédacteurs du Code civil ont donc innové. Les travaux préparatoires se taisent sur les motifs de cette innovation, cependant la raison de ce texte est évidente. L'art. 1832, C. civ., déclare que toute société doit avoir un objet licite et être contractée pour l'intérêt commun des parties. Or, chaque associé doit y apporter, ou de l'argent, ou des immeubles, ou son industrie. L'élément de ce contrat, c'est le travail, le gain sa perspective et son but. « In societalibus fructus communicandi sunt. » (Loi 38, § 9, Dig.. *de usuris*.) Celui qui tarde de verser les capitaux promis à la société et par suite en conserve pour lui le produit exclusif fait échec à l'objet du contrat auquel il s'est lié. L'associé manque à la foi promise, et il doit la réparation de sa faute. La convention elle-même renferme un avertissement, il n'est donc pas nécessaire de le prévenir.

---

1) Loi 60 pr. ; loi 67, § 1. *D. pro socio.* — Loi 1, § 1, Dig., *De usuris.*
2. *Traité du contrat de société*. n° 116.

— 133 —

L'associé n'est pas seulement débiteur des intérêts de plein droit, il peut être condamné à des
dommages et intérêts calculés sur le préjudice que
son retard a causé, en empêchant la société de faire
faire face à des engagements souscrits vis-à-vis des
tiers contractants; l'art. 1846, C. civ., est juste et
sa dérogation à l'art. 1153, non applicable dans
l'espèce, était de rigueur.

L'associé est débiteur des sommes par lui prises
dans la caisse sociale, à compter du jour où il les en
a tirées pour son profit particulier. Le Code reproduit ici le droit romain et l'ancien droit. La loi 1,
§ 1, Dig. nous dit : « Socius si ideo condemnandus
« erit, quod pecuniam communem invaserit, vel in
« suos usus convenerit, omnimodo etiam morâ non
« interveniente præstabuntur usuræ. » Pothier
n'est pas moins explicite : « Si l'un des associés a
tiré de la caisse de la société quelques sommes d'argent pour les employer à ses affaires particulières,
il en doit les intérêts suivant la loi 1. § 1, Dig. *de
usur.* (1). » La raison en est, que tous les profits
donnés par le fonds social appartiennent à la société; or, celui qui s'approprie une partie, même la
plus légère du fonds commun, cause un préjudice
à ses co-associés, et il en est comptable. Il appar-
tiendra à cet associé de prouver qu'il a employé cette partie du fonds social à l'administration de la société.

---

(1) Pothier, *Traité de la Société*, nᵒˢ 118 et 119.

Pour ce qui est des prélèvements opérés pour les besoins de chacun des associés, il faut s'en référer au contrat de société, c'est-à-dire à l'accord des paties.

Très-souvent l'on insère dans le contrat de société la clause suivante :

Jusqu'à la réalisation de bénéfices, une somme de... e a prélevée chaque année sur le capital pour servir des intérêts aux associés, qui ont versé leurs leurs fonds. L'art. 1845, C. c. sera-t-il applicable, et les associés devront-ils payer à la société l'intérêt des sommes qu'ils auront ainsi reçues?

Nous supposons que l'acte social renferme une telle clause ; autrement, nous serions en face de détournements dont chaque associé serait comptable en tant qu'il y aurait participé.

Un premier système soutient qu'une telle stipulation est illicite, irrationnelle et dangereuse. — Elle transgresse, dit-il, les dispositions formelles de l'art. 1845. C. c. lequel exige, que chaque associé verse dans la masse sociale, tout ce qu'il a promis d'y apporter. Or, avec cette clause, il n'apportera qu'une portion de sa mise, après avoir violé l'art. 26 du Code de commerce. Elle est irrationnelle; l'intérêt c'est un bénéfice. Or, la répartition de dividendes non fournis par des bénéfices, mais pris sur le fond social est une portion de la mise. La loi de 1856, sur les sociétés en commandite, punit correctionnellement la distribution de dividendes non réalisés, et n'est-il pas ridicule qu'un associé verse d'une main, ce qu'il reprendra quelques jours après d'une autre main! Elle est dangereuse, car elle offre un piége pour les tiers qui ont dû croire que le capital serait employé tout entier au paiement des dettes de la société. Tels sont en résumé, les arguments fournis par cette doctrine, qui pendant longtemps a eu l'approbation du Conseil d'Etat, lequel, s'est opposé à ce que l'on introduisit de telles conventions dans un contrat social.

Ce système n'a pas triomphé, on doit s'en réjouir. Celui qui confie ses fonds à une compagnie, ou à une société reculerait très-souvent à le faire, s'il était obligé de voir pendant de longues années ses capitaux improductifs et ses ressources paralysées. Confiant dans le succès de l'entreprise, il préfère recevoir annuellement une certaine somme à titre d'intérêts, encore bien qu'il sache, qu'elle est prélevée sur le capital social. Il compte sur l'avenir; il espère qu'un jour les opérations de la société, dans laquelle il engage sa fortune permettront d'abord de rétablir le capital amoindri par des distributions d'intérêts, et de faire face en outre à de nouvelles distributions de bénéfices et à des dividendes avantageux, l'intérêt des associés est donc évident.

Les art. 1845 et 26 C. com. ne seront pas violés, pas plus que les intérêts de la société et des tiers ne seront pas compromis. Elle s'est fait sa loi à elle-même, elle en a connu les conséquences. Les tiers qui ont contracté avec elle, ont pu apprécier la situation, et prendre connaissance de l'acte social. —

Il n'est pas exact de soutenir que l'intérêt ne soit qu'un bénéfice, un fruit de la mise, et doive être complétement assimilé aux dividendes. L'emprunteur ne serait pas admis à refuser le paiement des intérêts qu'il doit à son prêteur, en soutenant qu'il n'a pu retirer aucuns produits de la somme à lui remise. Je sais, que des règles particulières différencient le contrat de prêt du contrat de société; mais, je crois que celui qui verse ses deniers dans le fonds social, joue dans une certaine mesure, et vis-à-vis de la société le rôle de prêteur. Or, je tiens à constater, qu'en l'absence même de bénéfices des intérêts peuvent et doivent quelquefois être payés à la différence des dividendes qui sont toujours pris sur les bénéfices. — La jurisprudence avec raison, s'est prononcée en faveur de cette seconde théorie (1).

§ IV. *Des intérêts dans le contrat de dépôt.*

« Si la chose déposée a produit des fruits qui « aient été perçus par le dépositaire, il est obligé de « les restituer. Il ne doit aucun intérêt de l'argent « déposé, si ce n'est du jour ou il a été mis en de- « meure de faire la restitution. » art. 1936. — Dans notre ancien droit, Pothier s'exprimait ainsi : « Le dépositaire, tant qu'il n'a pas été mis en demeure de rendre la somme d'argent donnée en dé-

---

(1) Caillemer, *Des intérêts*, p. 175.

pôt, n'en doit aucuns intérêts ; car, non-seulement il n'en a pas perçu, mais il n'a pu en percevoir, ne lui ayant pas été permis de toucher cette somme, mais, depuis qu'il a été mis en demeure de rendre cette somme il en doit les intérêts (1). »

Nous savons que d'après l'art. 1153. C. c. il faut, pour que les intérêts courent une demande en justice. Au contraire l'art. 1936 C. c. exige une mise en demeure. Or, l'art. 1139 décide d'une manière générale qu'un débiteur est constitué en demeure par une simple sommation, ou un autre acte équivalent ; une demande en justice n'est donc pas nécessaire, l'art. 1153. C. c. n'est pas applicable.

Une opinion réunissant la presqu'unanimité de la doctrine, enseigne que le dépositaire est tenu des intérêts dès qu'il a fait emploi de l'argent sans la volonté formelle du déposant. Ce système invoque le droit romain, loi 3 au Code *depositi* : « is qui pecuniam in suos usus convertit, hoc ipso moram facit ut non sit necessaria alia mora. » Puis il se base sur les art. 1846 et 1996, qui déclarent que, les intérêts courent de plein droit, lorsque l'associé et le mandataire se sont servis des sommes d'argent appartenant à la société et au mandant ; et par analogie, l'on doit suivant cette doctrine, appliquer ces articles au contrat de dépôt, lesquels trouvent encore un appui dans l'art. 1302. C. c.

Malgré les autorités dont cette théorie se prévaut

____

(1) *Traité du contrat de dépôt*, n° 48.

nous ne pouvons l'admettre. — En matière de dépôt le droit romain diffère de notre législation.
Sous l'empire du Code un texte est indispensable
en pareille matière, la première théorie ne saurait
en trouver ; d'ailleurs, n'est-elle pas obligée de procéder par analogie. Les art. 1846 et 1996, C. c. font
courir les intérêts de plein droit, nous ne le contestons pas en matière de société et de mandat. Mais,
nous demandons pourquoi au titre du dépôt, il ne
se trouve pas un texte semblable. L'associé et le
mandataire se servant de l'argent de la société et du
mandant sont en faute cela est certain, leur devoir
était de le faire fructifier, ou tout au moins, de le
restituer, leur conduite est donc préjudiciable.
Quant au dépositaire, pouvez-vous en dire autant ?
Où se trouve le préjudice pécuniaire ? à la verité il
a manqué à ses obligations d'honneur ; c'est là une
simple question de conscience et la fortifier de la
sanction de la loi positive, c'est créer la loi et non
plus l'appliquer. Encore une fois le texte n'existe
pas, et raisonnablement il n'est pas possible
qu'une loi restrictive au titre du mandat et de la
société s'étende implicitement au titre du dépôt. —
Pour ce qui est de l'art. 1302 Code civ. l'objection
ne porte pas davantage, l'analogie n'est pas mieux
fondée, il suffit d'examiner ce texte pour s'en convaincre.

§ V. *Des intérêts dans le contrat de mandat.*

Les art. 1996 et 2001 Code civ. renferment deux dérogations à l'art. 1153 — le premier est ainsi conçu : « Le mandataire doit l'intérêt des sommes qu'il a employées à son usage, à dater de cet emploi ; et de celles dont il est reliquataire à compter du jour qu'il est mis en demeure. » La loi romaine s'exprimait en termes identiques : « Si procurator meus pecunjam meam habeat ex morâ utique usuras mihi pendet... Si pecuniam ad usus suos convertit in usuras convenietur. » Loi 10 § 3 Dig. *Mand. vel cont.* — Ce texte spécial est la reproduction d'un grand principe de droit, qui est en même temps un principe de morale. Nul ne doit s'enrichir aux dépens d'autrui. La loi positive l'a sanctionné dans un grand nombre de cas ; notamment, dans la loi du 28 avril 1832, et l'art. 408 du Code pénal qui ont comblé une lacune regrettable. — Ici le mandant sera demandeur en instance, à lui donc incombera la preuve de la mauvaise foi. Elle sera d'autant plus difficile à établir que le mandataire se retranchera dans des dénégations plus énergiques, le texte ne vise que deux points spéciaux, 1° le cas où le mandataire emploie des objets à son usage personnel ; alors les intérêts courent de plein droit, du jour de cet emploi. — 2° le cas où reliquataire de diverses sommes, il n'en devra les intérêts

que du jour d'une mise en demeure. — En dehors
de ce texte, pouvons-nous dire que le mandataire
pourrait être condamné à des dommages et intérêts
envers le mandant? Exemple. Je charge Primus
mon mandataire de remettre 10,000 francs à Secundus. Primus au lieu de s'acquitter de sa mission
garde la somme et l'emploie à son usage. A ce moment Secundus exerce des poursuites contre moi à
l'effet d'obtenir son argent. Pourrais-je exiger de
Primus qu'il me verse que des dommages et intérêts?

Nous le croyons. Dans l'espèce nous rencontrons
une double violation du mandat : 1° Vous ne l'avez
pas exécuté ; 2° vous vous êtes approprié les 10,000 fr.
D'où il résulte pour moi un préjudice important,
par suite de l'action intentée par Secundus. l'article 1153, C. c. est applicable, de même les art. 1142
et 1149, le mandataire s'étant engagé à faire quelque chose.

Les intérêts du reliquat de compte courent du
jour d'une simple mise en demeure ou sommation
(art. 1996 et 1139 C. c.).

Quant au mandant l'art. 2001 nous dit : « l'intérêt des avances faites par le mandataire lui est dû
par le mandant, à dater du jour des avances constatées. » Nous rencontrons encore ici la théorie
Romaine : « Adversus eum cujus negotia gesta
« sunt, de pecunia quam de propriis opibus, vel ab
« aliis mutuo acceptam erogasti, mandati actione

« pro sorte et usuris potes experiri. » Loi 1, Code *mandat*.

Notre ancien droit décidait que le mandant ne devait·des intérêts que du jour de la demande. Le droit romain et le Code sont plus équitables. Le mandat est gratuit, mais pas au point d'entraîner des préjudices plus ou moins graves pour le mandataire, car les intérêts par lui payés pour le compte du mandant sont à son respect un capital déboursé. Le capital lui est dû, pourquoi n'en serait-il pas de même des intérêts d'un capital que le mandataire tient improductif à la disposition du mandant? Le Code les lui accorde de plein droit dans toutes les autres hypothèses, mais à dater du jour des avances constatées, peu importe qu'il ait ou non retiré des intérêts de son argent, il lui suffira de justifier de l'époque des avances faites et pour cela il aura recours aux quittances retirées par lui des créanciers du mandant.

CHAPITRE V.

INTÉRÊTS DES INTÉRÊTS.

L'anatocisme est la production d'intérêts par des intérêts déjà échus qui demeurent en la possession du débiteur et deviennent pour le créancier un nouveau capital.

Permis à Rome, ainsi que nous le savons, dans une limite très-restreinte Justinien dans la suite prohiba de la manière la plus rigoureuse toute capitalisation des intérêts « ut nullo modo a debito- « ribus usuræ usurarum exigantur. » Loi XX, VIII, Code, *de usuris*.

Notre ancien droit qui interdisait le prêt à intérêt, devait conserver en notre matière la législation du Bas-Empire. La célèbre Ordonnance de 1673, s'exprimait de la sorte : « Les négociants marchands « et aucun autre ne pourront prendre l'intérêt de « l'intérêt sous quelque prétexte que ce soit. » (tit. VI, art. 2.)

Le droit intermédiaire défendit énergiquement l'anatocisme tout en permettant une liberté pleine et entière sur la fixation du taux de l'intérêt, c'était là une de ces situations étranges que l'on s'explique avec peine (lois des 3-12, octobre 1789, du 6 floréal, an III et 5 thermidor, an IV).

Lors de la rédaction du Code civil la lutte fut énergique entre les partisans de l'ancien droit et ceux qui demandaient son abrogation. Ces derniers l'emportaient grâce en partie à M. Treilhard, mais avec un léger tempérament formulé en ces termes : « Les intérêts échus des capitaux peuvent produire « des intérêts ou par une demande judiciaire ou « par une convention spéciale pourvu que soit dans « la demande, soit dans la convention, il s'agisse « d'intérêts dus au moins pour une' année en- « tière. »

A quel moment doit intervenir la Convention dont parle l'art. 1154 ? Est-ce à l'instant du contrat de prêt ? est-ce postérieurement à l'échéance des intérêts dus pour une année ?

Un système qui est celui de la jurisprudence et de presque toute la doctrine enseigne que la Convention peut intervenir au moment du contrat, il s'exprime de la sorte :

1° Les choses futures peuvent être l'objet d'un contrat art. 1130. Or, la stipulation que les intérêts d'un capital produiront eux-mêmes des intérêts, est une stipulation sur choses futures ; une telle convention est donc licite et par conséquent valable, du reste l'art. 1154 C. c. n'a pas établi d'exception ;

2° La loi n'a voulu proscrire que cet anatocisme dévorant qui ferait courir les intérêts au bout d'un an, ou de plusieurs mois. Dans cette doctrine au contraire, nous nous conformons à la moralité établie par la loi. Nous demandons que les intérêts d'une année produisent des intérêts à leur échéance, en un mot, que ces arrérages constituant un capital fournissent eux-mêmes des intérêts, d'autant plus qu'il y a utilité pour les parties à ce qu'il en soit ainsi.

Cette théorie, selon nous, commet une fausse interprétation du texte et de l'esprit de l'art. 1154, C. c. que dit le législateur ? qu'a-t-il voulu ? « Les intérêts *échus* des capitaux peuvent produire des intérêts ou par une demande judiciaire, ou par une convention spéciale, pourvu que soit dans la demande, soit dans la convention, il s'agisse d'intérêts dus au moins pour une année entière. » Voilà le texte.

Sur quelle chose doit porter la convention ?

Sur des intérêts échus et dus : or, lorsque vous avez stipulé, il n'y avait pas encore d'intérêts échus et dus, que je sache. — Vous m'objecterez que la convention prendra effet à l'époque de l'échéance. Mais, en vertu de quel texte ? il n'en existe pas, l'art. 1154 décide que les intérêts échus produiront des intérêts par une demande judiciaire ou par une convention, toutefois à leur échéance. La preuve de la théorie que je soutiens, je la puise dans le texte de l'art. 1154, qui à deux reprises nous parle clairement de la convention lorsque les intérêts seront dus.

Ensuite est-ce que la loi ne la met pas sur la même ligne que la demande judiciaire. Or, je ne pense pas que vous osiez assigner par avance en justice votre débiteur à l'effet de vous payer les intérêts non échus de votre créance, une telle instance serait aussi mal fondée que ridicule. Ensuite, est-ce que l'intention du législateur n'apparaît pas d'une manière claire et évidente ?

Je me suis appuyé sur le texte littéral de l'article 1154. Les travaux préparatoires fortifient notre opinion. Tous les conseillers d'Etat qui prirent part à la discussion furent unanimes pour entendre l'art. 1154 tel que nous le proposons : « Si par « une convention nouvelle, dit M. de Cambacérès, « ajoutant au capital primitif les intérêts échus, « le créancier stipulait des intérêts qui devien- « draient le prix de ce nouveau crédit la conven- « tion devrait avoir effet. »

A l'argument de principe, nous répondrons que le législateur avait des motifs spéciaux pour s'arrêter dans la voie des innovations. Et entre la stipulation intervenant au moment du prêt et celle qui a lieu au fur et à mesure de son exécution, la différence est grande. On doit craindre que l'emprunteur ne consente légèrement des conventions par lesquelles il accumulerait de nombreuses années d'intérêts, qui le plongeraient dans une trompeuse sécurité. Au contraire, lorsque chaque année il a besoin de demander un nouveau contrat de prêt, il réfléchit, et la réflexion aidant, il se fait moins d'illusions sur son état précaire, car redoutant la ruine il agira en conséquence pour l'éviter. •

Un usage universel, plus fort que la loi, permet la paiement par trois mois, six mois des intérêts d'un capital placé au taux légal. Il n'est personne qui songe à s'élever contre une telle habitude contraire à la loi ; pour s'en convaincre il suffit d'examiner l'art. 1154 dans sa disposition finale et la loi de 1807. Les intérêts ne peuvent être réclamés à l'emprunteur que lorsqu'il a joui du capital pendant une année entière cela est si vrai que le législateur interdit l'anatocisme avant l'expiration d'un an. Je vous prête 100,000 francs le 1er janvier, si le 1er juillet je puis légitimement exiger les intérêts, pourquoi ne pourrais-je pas vous laisser ces 2500 fr., que vous ne pouvez me payer, à charge par vous de m'en servir les intérêts ? Il est évident qu'une telle stipulation serait nulle.

Je reconnais que la loi de 1807 et l'art. 1154 laissent à désirer. Mais tant que ces monuments législatifs n'auront pas été modifiés, on ne pourra les violer. Cependant il n'est pas possible d'aller contre cette coutume qui décide que les intérêts pourront être payés par fraction suivant l'accord des parties, en sorte, que l'intérêt ne sera plus de 5 0/0, mais bien de 6 0/0, l'interprétation que nous proposons est tout à la fois juste et rationnelle.

M. Duranton a soutenu qu'on pouvait convenir que des intérêts échus et exigibles, dus pour moins d'une année pouvaient être gardés par le débiteur et produire des intérêts. Je ne puis le croire en présence du texte impératif et de l'esprit de l'art. 1154,

C. c. enfin de la loi de 1807. Pour réfuter cette théorie, nous nous référons aux développements que nous avons donnés de l'art. 1154.

L'art. 1155, C. civ. déroge expressément dans certains cas particuliers à l'art. 1154. L'exception contenue dans ce texte parle de revenus de choses autres que de l'argent, ou de capitaux non exigibles. Le danger de ruine pour le débiteur n'existe pas ici, parce que la somme principale ne consiste jamais qu'en quelques termes de loyer ou de fermage non payés.

La même règle s'applique aux intérêts payés par un tiers au créancier en acquit du débiteur. Mais, il faut réellement que le paiement soit fait en son acquit. Sans cette condition et surtout si le tiers ne payait que pour obtenir subrogation contre l'emprunteur l'art. 1154, C. civ., reprendrait son empire.

CHAPITRE VI.

PRESCRIPTION DES INTÉRÊTS.

« Les intérêts des sommes prêtées et générale-
« ment tout ce qui est payable par année, ou à des
« termes périodiques plus courts, se prescrivent
« par cinq ans. » (art. 2277, C. c.)

Avant d'étudier le dernier paragraphe de cet article, d'en connaître les dispositions, qu'il nous
soit permis d'énoncer rapidement son origine.

Jusqu'à l'année 1510 la prescription de trente
ans était seule appliquée aux dettes de revenus
comme aux autres. Cette législation était désastreuse pour le débiteur ; car, il est plus facile de
payer une année d'arrérages que d'en payer cinq,
que d'en payer dix, ou vingt-neuf. En sorte que,
demander des intérêts au bout de dix ou vingt ans,
c'est prononcer la ruine du débiteur. L'Ordonnance
de 1510 fut donc tout à la fois équitable et protec-
trice, l'art 71 était ainsi conçu : « La plupart de
nos subjets au temps présent usent d'achats et
ventes à prix d'argent à cause desquels contrats
plusieurs sont mis à pauvreté, et destruction pour
les grands arrérages que les acheteurs laissent courir sur eux... pour ce, nous désirant pourvoir à l'indemnité de nos sujets, ordonnons que les acheteurs

de telles rentes et hypothèques, ne pourront demander que les arrérages de cinq ans. »

Ce monument législatif ne parlait que des rentes on se garda bien d'étendre sa disposition.

L'Ordonnance de 1510 porte l'empreinte de la généreuse administration de Louis XII, et rappelle le nom vénéré du cardinal d'Amboise ministre de ce sage roi.

Un siècle plus tard, l'illustre chancelier de Marcillac voulut compléter, pas une autre ordonnance, celle de 1510.

L'œuvre de ce ministre fut honnie, tournée en ridicule et appelée Code Michaux. Ce fait n'a rien qui doivent surprendre. Il est toujours plus facile de se moquer que de comprendre, et le Code Michaux avait le grand défaut, comme le dit très-bien M. Troplong, d'être trop en avant des idées de son siècle.

La plupart de ses sages dispositions furent partout repoussées avec mépris par les préjugés du temps.

L'ordonnance de janvier 1629 art. 150 disait :
« L'interpellation ou demande en justice des inté-
« rêts d'une somme principale ores qu'elle eut été
« suivie de sentence auquel lesdits intérêts soient
« adjugés par sentence ou arrêt n'acquerra intérêt
« pour plus de cinq ans, si elle n'est continuée et
« réitérée. »

Cette disposition rencontra de vives résistances au sein des Parlements, la chute du chancelier Marillac fut le signal du déchaînement des passions contre une œuvre dont Pothier et la postérité ont su appécier tout le mérite.

Les rédacteurs du Code ont repris l'œuvre de Marillac. Ils l'ont complétée, le législateur a eu pour but, en effet. de protéger les débiteurs contre l'accumulation des intérêts, accumulation due à l'insouciance du créancier. En effet, M. Bigot Préameneu s'exprime ainsi : « Cette prescription n'est pas seulement fondée sur une présomption de paiement, mais plus encore sur une considération d'ordre public énoncée dans l'ordonnance rendue par Louis XII en 1510. — On a voulu empêcher que les débiteurs ne fussent ruinés par les arrérages accumulés. »

Cette prescription est de toute justice, le créancier a été négligent, à lui d'en supporter les conséquences.

L'art. 2277 Cod. civ. manque de clarté dans sa disposition finale ainsi conçue : « Tout ce qui est payable par année ou à des termes périodiques plus courts. » Il ne faut pas prendre cette expression dans toute son étendue ; en sorte que, pour rester dans le vrai, on ne doit comprendre dans la règle de l'art. 2277 C. civ. que ce genre de produits accessoires susceptibles de s'accroître avec le temps. En dehors de cette interprétation, l'article est inapplicable.

Ainsi l'obligation prise par l'acheteur de payer l'acquisition du fonds A, je suppose. par sommes échelonnées de six mois en six mois, ne serait prescriptible que par 30 ans. Ceci ne présente pas la moindre difficulté.

La prescription, objet de notre étude, ne court évidemment que contre le créancier au profit duquel le droit d'agir a pris naissance. Si l'action n'est pas née, le créancier n'est pas coupable de négligence, le motif de la règle n'existe plus. Les cinq ans ne commencent donc à courir qu'à partir de la naissance de l'action. Les cinq ans sont ceux qui précèdent la demande, et non ceux qui suivent la convention.

L'article 2277 C. civ. s'applique-t-il aux intérêts moratoires ? La controverse est vive, elle s'est agitée avec ardeur de part et d'autre, aussi bien dans la doctrine que dans la jurisprudence. La Cour de cassation s'est prononcée pour l'affirmative à deux reprises différentes. — Examinons d'abord les arguments du système contraire développés en 1834 par M. Ravez, dans une consultation restée à jamais célèbre.

L'ordonnance de 1510 ne s'appliquait nullement aux intérêts moratoires, déclare le président de Lamoignon. « On ne peut demander, dit-il, que cinq années tant des arrérages des rentes constituées à prix d'argent que des intérêts des sommes pour une fois payées de quelque nature qu'elles soient s'il n'y a une demande judiciaire suivie de condamnation. » — Le président Favre n'est pas moins explicite. — L'art. 2277 n'a modifié l'ancien état de choses que relativement aux intérêts conventionnels. Les intérêts moratoires continuent donc à être régis par les règles établies sous l'ancien droit. Lorsqu'il s'agit d'intérêts conventionnels le retard du créancier est une négligence dont il doit supporter la sanction. S'agit-il, au contraire, d'intérêts moratoires, on ne saurait accuser de négligence le créancier qui a obtenu un jugement.

Les intérêts moratoires sont toujours exigibles, ils ne sont donc pas dus par année ou à des termes plus courts ; en conséquence, l'art. 2277 C. civ. n'est pas applicable.

Tel est le résumé très-succint de la doctrine soutenue par M. Ravez.

Nous reconnaissons, avec l'éminent auteur de la Consultation de 1834, que l'ancien droit ne soumettait pas à la prescription quinquennale les intérêts maratoires.

Nous savons que le Code Michaud avait voulu combler cette lacune. Le Code civil s'en est acquitté ; rappelons les paroles de M. Bigot Préameneu : « La crainte de la ruine des débiteurs étant admise comme un motif d'abréger le temps ordinaire de la prescription, on ne doit pas excepter aucun des cas auxquels ce motif s'applique, »

Est-ce que le danger de l'accumulation des intérêts moratoires est moindre que lorsqu'il s'agit d'intérêts conventionnels? L'esprit de l'art. 2277 est évident.

A la vérité, le texte appliqué judaïquement n'a

pas la clarté de la sage ordonnance de Michel de Marillac. Devons-nous alors conclure de cette obscurité pour dire que l'art. 2277 est inapplicable?

Peut-on soutenir que les intérêts moratoires ne sont pas payables à des époques périodiques?

Le créancier lorsqu'il réclamera sa créance procèdera à la liquidation, en calculant les intérêts par année. Nous nous retrouverons alors sous l'empire de l'art. 2277. S'il en était autrement, quelle règle suivrait-on pour liquider le compte?

Le créancier d'intérêts moratoires a été diligent à l'époque où il a obtenu un jugement productif desdits arrérages ; mais, depuis, pouvons-nous dire qu'il a continué à être prévoyant? Certes non. Par suite, il est en faute et l'art. 2277 C. civ. doit recevoir son application.

Sans doute, cet axiôme : « actiones semel inclusæ judicio salvæ permanent » est vrai. Mais est-on fondé à déclarer que le jugement une fois rendu est une interpellation continuelle, car alors à quelle époque pourra-t-on prescrire sa libération lorsqu'un jugement sera intervenu. En conséquence, nous estimons que l'art. 2277 est applicable.

CHAPITRE VII.

TAUX DE L'INTÉRÊT.

Nous savons que l'art. 1907 a été complété par la loi du 3 septembre 1807, ainsi conçue : « art. 1er L'intérêt conventionnel ne pourra excéder, en matière civile, 5 0/0, ni en matière de commerce, 6 0/0 aussi sans retenue. » L'intérêt est donc de 5 0/0 en matière civile et de 6 0/0 en matière commerciale.

Pourquoi cette différence ? Le législateur a envisagé l'état de la richesse publique, le mouvement des capitaux, les besoins de l'industrie, les ressources de la société, les risques plus ou moins nombreux encourus par le prêteur. Scaccia nous dit : « Pecunia mercatoris pluris valet quam pecunia non mercatoris. » Les dangers étant plus grands lorsqu'il s'agit d'un prêt commercial que d'un prêt civil, l'intérêt commercial devait être forcément plus élevé.

Telle est la règle actuelle, nous en connaissons les motifs et l'historique.

Demandons-nous comment on doit distinguer l'intérêt civil de l'intérêt commercial? — La difficulté est grande, elle est sérieuse, surtout si examinant les décisions contradictoires de la jurisprudence nous les rapprochons des lois répressives contre l'usure.

Certains auteurs font dépendre le caractère commercial du prêt, de la qualité des parties. Le prêteur et l'emprunteur sont-ils commerçants, le prêt sera commercial.

Est-ce complètement exact? Nous ne le pensons pas, Que dit le texte? « L'intérèt légal sera en matière de commerce de 6 0/0. » Le législateur semble donc implicitement reconnaître le caractère commercial à l'acte de commerce. Primus et Secundus sont deux commerçants. Secundus, débiteur, emprunte de Primus 10,000 fr., à l'effet de doter sa fille. Peut-on soutenir que nous trouvons dans cet emprunt les caractères d'un prêt commercial? Evidemment non. L'emprunt a été opéré en vue d'un acte essentiellement civil; par conséquent, l'intérêt ne saurait dépasser 5 0/0. Selon nous, pour que l'intérèt commercial puisse être perçu, il faut surtout, faisant abstraction de la qualité des parties, examiner non-seulement celui qui prête et celui qui emprunte, mais la destination de la somme empruntée. A l'appui de cette théorie, nous nous référons aux motifs irrécusables qui, indépendamment d'une limitation dans le taux de l'intérêt, ont déterminé le législateur à différencier l'intérèt civil de l'intérêt en *matière* de commerce.

MM. Aubry et Rau tempèrent la doctrine opposée à la nôtre, en disant : « Il en serait cependant autrement s'il était établi par la forme de l'acte d'obligation, par la nature des garanties fournies, ou par d'autres circonstances, que le prêteur a distrait de son commerce les fonds prêtés pour leur donner une destination purement civile. » T. IV. page 106. — Nous ne soutenous pas autre chose. et la loi n'exige pas d'autres caractères. selon nous, pour distinguer le prêt civil du prêt commercial. Il est donc inutile d'insister.

Existe-t-il des exceptions à la loi de 1807 ? Oui.

I. Les unes sont légales.

II. Les autres judiciaires.

III. Enfin nous en trouvons qui ne sont ni légales ni judiciaires, ou du moins sur lesquelles la jurisprudence est indécise.

I. La loi du 3 septembre 1807, ne gouverne que le territoire continental de la France. Les colonies sont en dehors de cette législation.

Pour l'Algérie, une ordonnance rendue à la date des 7 et 18 décembre 1835. décide : art. 1er « Dans les possessions françaises au nord de l'Afrique, la convention sur le prêt à intérêt fait la loi des parties. — 2º L'intérêt légal à défaut de convention et jusqu'à ce qu'il en soit autrement ordonné, sera de 10 0/0. tant en matière civile qu'en matière de commerce. »

Cette ordonnance a été modifiée par un arrêté du pouvoir exécutif des 4 et 24 novembre 1848 : art. 1er « L'intérêt légal en Algérie, en matière civile ou commerciale, sera de 10 0/0 sans retenue. 2º l'intérêt conventionnel ne pourra en aucun cas excéder

le taux légal sauf les peines portées par les art. 3
et 4 de la loi du 3 septembre 1807.

Pour les autres colonies, le contrat de prêt n'est
pas limité. Les conventions des parties font la loi,
à la vérité l'usage tempère une liberté aussi illimitée.
nous en trouvons la preuve notamment dans un
arrêt rendu par la cour de Bourges, le 6 mars 1860.

Le code civil dans l'art. 1976 C. c., déroge à
l'art. 1907 et à la loi du 3 septembre 1807 : « La
rente viagère peut être constituée au taux qu'il
plaît aux parties contractantes de fixer. » La dérogation posée par ce texte trouve sa raison d'être
dans le caractère même de cette convention. En
effet, c'est un contrat aléatoire dont le taux se fixe
d'après les circonstances, eu égard à la valeur de
l'argent et surtout à la santé, à la complexion, à
l'âge de la personne sur la tête de laquelle la rente
est constituée. Aussi, trouvons-nous dans l'ancien
droit des rentes viagères constituées au taux de 10,
de 12, de 14 0 0. Fontenelle nous enseigne que de
son temps le taux ordinaire des rentes viagères était
de un pour sept en Espagne.

En présence d'incertitudes réelles, de chances
réciproques, la loi ne pouvait raisonnablement limiter le taux des intérêts en cette matière. l'expression même d'intérêts ou arrérages est inexacte, on
doit plutôt dire le prix du risque couru pour le
crédit rentier de ne le recueillir que pendant un
temps très-court. L'exception est donc fondée.

Il en est de même des assurances et des prêts à la

Grosse. — Ce genre de prêt est un contrat, par lequel, un prêteur livre une certaine somme d'argent sur des objets exposés aux dangers de la navigation avec condition que si ces objets arrivent heureusement l'emprunteur lui remboursera le capital prêté, plus une somme déterminée pour prix des risques courus. Si au contraire les objets périssent ou sont endommagés pendant le voyage par quelqu'accident de mer ou de force majeure, le créancier prêteur ne pourra rien réclamer au delà de la valeur qui restait de ces objets. Il existe donc un alea. Nous le rencontrons également dans les assurances sur la vie et les assurances maritimes. Le cadre restreint de notre travail ne nous permet pas de nous y étendre,

La création des Monts de piété remonte au XIVe siècle. Les bourgeois de Salins furent les premiers qui les instituèrent. La cause de cette fondation trouve sa raison d'être dans la haine des usuriers. L'initiative des habitants de cette ville resta isolée, et avant de se fixer en France d'une manière durable l'Italie en fit l'expérience toujours par le même motif. Un moine de Terni appelé Barnaba en fut l'auteur. Cette institution se propagea en France au XVIe siècle, puis disparut en 1614, pour renaître en 1777 sous le ministère de Necker.

On a critiqué et blâmé cette œuvre. Nous estimons que la critique a été plus vive que fondée, et nous devons déclarer que ces établissements sont d'un grand secours pour bien des gens qui sans eux seraient réduits à la misère la plus profonde ou ex-

posés à devenir la proie des agioteurs. Il existe cependant des abus, mais cependant dépassés de
beaucoup par de grands avantages. Cette institution
est donc utile et nécessaire.

Les Monts de piété sont autorisés à prêter au-
delà du taux légal, dérogeant en cela à la loi de 1807.
Pourquoi cette exception ? Ils ne courent aucune
chance de perte, puisqu'ils ne prêtent que sur des
gages qu'ils sont autorisés à retenir et même à
vendre, et dont la valeur dépassse de beaucoup la
somme prêtée. Pothier justifiait de son temps cette
faveur, en affirmant que les intérêts exigés étaient
destinés à l'entretien et aux dépenses de leur administration ; tels que les appointements des commis,
le loyer des magasins, etc.

La loi du 9 juin 1857 consacra une exception inouie
à la loi de 1807. L'art. 8 nous dit : « La Banque de
France pourra si les circonstances l'exigent, élever
au delà de 6 0/0 le taux de ses escomptes et l'intérêt
de ses avances, les bénéfices qui seront résultés de
l'exercice de cette faculté seront déduits des sommes
anuuellement partageables entre les actionnaires,
et ajoutés au fonds social. »

Quelles raisons furens mises en avant pour dé-
roger ainsi d'une manière expresse à la loi de 1807 ?
« Cette loi naquit de la crise commerciale qui frappa
« le commerce français en 1856. Elle eut pour but
« de prévenir les embarras que pouvait causer à la

« banque une trop grande diminution de son nu-
« méraire métallique (1). »

L'argument formulé dans les motifs du projet de
loi est singulier. Pour obtenir une telle exception,
on eut recours aux décisions de la jurisprudence.
C'est-à-dire que la demande formulée en 1857 se
basa sur la violation même de la loi du 3 septembre 1807.

« Ce n'est pas, dit l'orateur du gouvernement
constituer à son profit une espèce de privilege.
c'est plutòt rétablir l'égalité entre elle et les banques privées auxquelles la jurisprudence a depuis
longtemps reconnu le droit d'ajouter une commission à l'intérêt légal fixé par la loi 18 7. » Nous
n'exagérons pas.

Le législateur de 1807 comprenait toute la partie
de son œuvre, la commission cherchait à voiler
cette violation sous des apparences ; c'était de la
pudeur mais ce n'était pas de la vérité. Ce que l'on
demandait, ce n'était pas un droit de commission,
mais l'élévation du taux de l'escompte et de l'intérêt des avances. Le mot commission fut repoussé.
Le texte de l'art. 8 fut définitivement arrêté ; on
appela les choses clairement et ce fut justice.

Néanmoins des scrupules se firent jour dans
l'esprit d'un grand nombre de membres de l'Assem-
blé ; l'un d'entre eux s'exprima en ces termes :
« Quel spectacle serait donné au pays, si au mo-

______

(1) M. Sacare. *Rapport* sur la proposition de M. Limpérani, tendait à abroger la loi de 1807.

ment même où la Banque usait du droit d'élever au-dessus de 6 0/0 l'intérêt de ses escomptes, on voyait poursuivre en police correctionnelle comme usurier un homme qui aurait prêté à 6 1/2 ou à 7 0/0. » M. Baroche, président du Conseil d'État, déclara, en réponse à cette observation, que la loi de 1807 ne resterait pas longtemps sans être résolue. (*Moniteur* du 29 mai 1857).

Qu'est-il arrivé? Une demarde d'abrogation de la loi de 1807 portée en 1862 devant le Sénat, fut repoussée. Depuis, en 1867, cette question a été l'objet d'une enquête très-approfondie. Enfin, le 27 janvier 1874, M. Sacase, membre de l'Assemblée nationale, déposait un rapport concluant au rejet de la proposition de M. Limperani, tendant à obtenir un nouvel examen de la loi de 1807. Nous reviendrons sur cette question. Disons maintenant, que l'exception introduite en faveur de la Banque de France pouvait être nécessaire en fait, mais lorsqu'on examine la loi qui est une et impérative pour tous, on doit regretter une telle dérogation à un monument législatif qui doit être respecté et observé par chacun.

II. Nous sommes arrivés aux exceptions introduites par la jurisprudence, notamment dans les contrats d'escompte et de commission.

L'escompte n'est autre chose que la retenue faite par un banquier, ou tout autre acheteur de créances soldant un billet avant terme soit au souscripteur lui-même qui payera à l'échéance, soit quand

celui qui présente le billet n'est pas le souscripteur, à un endosseur qui garantit le paiement.

La loi de 1807 est-elle applicable à l'escompte ?
Sur ce point la doctrine est divisée. La jurisprudence, au contraire, est unanime à déclarer que ce
n'est pas un prêt à intérêt, d'où la conséquence que
la loi de 1807 n'est pas applicable.

L'escompte, disent les arrèts, n'est qu'un achat
de titre et comme tel soumis à des chances aléa-
toires qu'il suffirait de ce caractère pour l'affranchir
de l'application de la loi de 1807. Ces chances consistent : dans l'époque de l'échéance plus ou moins
éloignée, dans la difficulté de la revente, dans les
dangers que court l'acheteur, dans l'incertitude de
l'état des affaires au jour du paiement.

Si l'on exigeait l'exécution de la loi de 1807, le
commerce de la Banque serait désert ; celui qui
pourrait s'y livrer, préférerait demeurer simple capitaliste et s'exonérer ainsi des tracas et du danger
des affaires, de la nécessité d'y consacrer son industrie dont le produit augmentera l'intérêt légal qu'il
retirera de son argent, des chances nombreuses que
présente le chapitre des faillites. Ces arguments se
trouvent formulés notamment dans trois arrêts :
1º de la Cour de cassation du 16 août 1828 ; 2º de la
Cour de Grenoble, du 16 février 1838 ; 3º de la Cour
de Paris, du 18 janvier 1839.

Ce raisonnement s'appuie, ainsi qu'il est facile de
s'en convaincre sur des généralités, sur des motifs
d'inconvénient. Quant à une raison de droit, ap-

puyée sur un texte, nous avouons n'en avoir pas
observé. Les caractères du prêt à intérêt consistent,
nous le savons, dans : 1° une somme donnée;
2° une somme égale, remboursée ultérieurement;
3° un prix ajouté en excédent à la somme rendue au
profit du créancier. Dans l'escompte nous trouvons : 1° une somme donnée par le banquier; 2° une
somme égale rendue postérieurement; 3° un prix
qui, contrairement, au prêt à intérêt est perçu à
l'avance par le banquier au moment même où
l'escompte a lieu. Ce rapprochement est exact.
Certes, le contrat ne se forme pas, à la vérité, de
la même manière, mais au fond ne voyons-nous
pas dans les deux cas un individu qui a besoin
d'argent et un autre qui consent à lui en prêter.

L'escompte, nous objectent nos adversaires, est
la vente d'une créance non exigible. — Nous demandons, à notre tour, est-ce que dans le prêt à
intérêt ne se rencontrent pas les caractères d'une
aliénation? Lorsque je contracte un emprunt, mon
créancier achète l'engagement que je lui fais de le
rembourser à une époque convenue et il ne considère pas seulement ma promesse en tant que promesse, il examine surtout le degré de solvabilité
que je présente; par suite, il me demandera des
garanties plus ou moins étendues, d'où cette conséquence que j'aliéne, dès maintenant, tout ou
partie de ma solvabilité. Maintenant est-ce que
l'escompteur, en recevant le billet que je lui remets,
songe uniquement à la promesse de paiement? Non,

il examine aussi l'étendue de ma solvabilité, et de même que, le prêteur ordinaire fera ou non l'opération de prêt, de même, l'escompteur fera ou non le prétendu achat de mon billet.

Pour échapper à ce rapprochement, nos adversaires nous disent, sans doute le prêt existe lorsque c'est le souscripteur du billet qui se présente à l'escompte, mais ceci est très-rare, les banquiers n'escomptant presque jamais que des billets revêtus de deux signatures. Alors parce que le billet sera un billet à ordre, et qu'il aura circulé entre les mains de plusieurs endosseurs avant d'arriver chez le banquier, celui-ci perdra sa qualité de prêteur pour devenir acheteur. Le porteur sera un vendeur, là où le souscripteur eut été un endosseur. Ce n'est pas sérieux.

Prenons un exemple. Après création par moi d'une lettre de change, je vais la présenter à l'escompte chez Primus. En chemin, je rencontre Secundus; ce dernier me prête de l'argent en échange de mon billet, puis, se rend chez Primus après endossement de ladite lettre de change. Alors Primus sera un honnête homme en lui escomptant à 8 0/0, tandis qu'il aurait été usurier en me prenant le même taux! Ce n'est pas raisonnable.

Le contraire devrait être décidé. Le banquier court plus de risques en escomptant un billet au souscripteur, que si la même opération avait été faite vis-à-vis d'un endosseur. Enfin cette succession de plusieurs endosseurs, ne saurait modifier le caractère de l'opération.

Quant aux motifs d'inconvénients, ils ne nous touchent pas. Le particulier prête à qui il veut. Le banquier n'escompte que les valeurs qui lui conviennent. Le particulier court plus de dangers que le banquier, le premier pourra se ruiner par un seul prêt; le second compensera des pertes sérieuses par des bénéfices réalisés sur d'autres opérations.

J'estime donc que l'on doit refuser aux banquiers un privilége que la loi ne leur accorde pas. Car, tant que la loi existera, nous devons contester aux tribunaux le droit de la modifier. Où s'arrêterait-on sur une telle pente, s'il suffisait de la nécessité et de l'usage pour enfreindre un monument législatif. Or, c'est au nom de l'usage que la jurisprudence s'est prononcée : « Considérant que dans *l'intérêt* de la prospérité du commerce et de son développement la doctrine et la jurisprudence ont admis que les banquiers pouvaient, en sus de l'intérêt légal, percevoir un droit de commission en compensation de leurs démarches, frais et services.... » (Cour de Dijon. 17 février 1855. Dalloz, 55, 1 p., 265.) Et la Cour de cassation nous dit : « Attendu que si les perceptions de droits d'escompte, de commission, de change, faites en vertu d'obligation réelles et sérieuses sont licites et réglées *par les usages du commerce*, toute perception résultant d'un contrat de prêt ne peut excéder le taux légal sans être en-

tachée d'usure.... » Encore une fois l'usage s'est
substitué à la loi.

La commission est le droit prélevé par un banquier en sus des intérêts, lorsqu'il procure des fonds
à un client. C'est une sorte de salaire, de dédom-
magement pour la peine qu'il s'est donnée.

Selon nous, cette perception, lorsqu'elle dépasse
CO 0, est illégale. « Toutes ces rubriques commerciales, disait M. Léon Foucher, ne sont que des
moyens de faire que l'argent trouve son intérêt légitime quand la loi lui en refuse la liberté (1). »

Une obligation est contractée en pays étranger,
conformément à la loi étrangère, les tribunaux
français sont appelés à connaître d'une demande
d'intérêts de 10 0/0, peuvent-ils prononcer la validité d'une pareille convention? — Nous n'hésitons
pas à nous prononcer pour l'affirmative. M. Du-
vergier a soutenu l'opinion contraire. Il s'agit, dit-
il, d'une loi d'ordre public. De plus, ne serait-il pas
absurde d'accorder en pareil cas aux conventions
qui auraient été arrêtées en pays étranger une protection qu'on refuserait à celles qui se seraient formées sur le territoire français les unes et les autres
présentent les mêmes inconvénients. — Nous ne
réclamons pas de protection, mais le respect d'une

---

(1) Le droit de change parait plus légitime. L'opération consiste à
acheter dans un lieu une créance payable dans un autre lieu. L'acquéreur de la créance en paie le montant sous la réduction d'une retenue
appelée *change*, proportionnée à la valeur comparative de l'argent
dans les deux places. C'est simplement le prix de la remise d'une
place sur l'autre, il est bon de se reporter à l'art. 1296 du Code civil.

convention légalement conclue en pays étranger. Et en admettant deux personnes mariées à l'étranger à jouir en France de la condition d'époux légitimes, quoique les formalités soient plus simples dans leur pays, est-ce à dire qu'on les protége plus que les Français soumis à d'autres formalités. Ce que l'on réclame, c'est le respect d'une loi et pas autre chose. C'est, dites-vous, une question d'ordre public. En quoi l'ordre public sera-t-il troublé par l'exécution de ce contrat ? Accusez aussi la loi française de porter atteinte à l'ordre public, en autorisant un taux plus élevé en Algérie qu'en France, et même illimité dans les autres colonies.

L'ordre public n'a rien à faire dans l'espéce. Les conséquences de la doctrine contraire sont désastreuses. Le Crédit international est supprimé. Toutes espèces de transactions sont impossibles. Le commerce entre les nations n'existe plus. — Je n'insiste pas davantage et persiste dans mon opinion.

III. Le banquier qui perçoit un droit de commission, pour un prêt d'argent d'une nature purement civile, commet un acte évidemment usuraire tombant sous l'application de la loi répressive. Les arrêts se sont prononcés en ce sens sur cette question (1).

(1 Troplong, n° 383. — Agen, 12 mai 1853. — Agen 19 juillet 1854 — Grenoble, 6 mars 1840. — Cassation, arrêt, 12 novembre 1834. — Dalloz, 35, 1, 21.

L'usure existe, lorsqu'au moment du prêt, le banquier, ou autre, retient le montant des intérêts à échoir. C'est là un usage très-fréque t dans le commerce, contre lequel s'est élevé la doctrine et la jurisprudence. — Sur un prêt de 1,000 fr. le banquier avancera 940 fr. et gardera 60 francs.

Nous trouvons dans cette opération tous les caractères de l'usure. Le prêteur, en effet, recueille. 1° Les intérêts d'une somme de 60 fr. qu'il n'avance pas; 2° il perçoit *à l'avance*, en sorte qu'il profite des intérêts de la somme retenue à la place de l'emprunteur. La gravité de cette usure est incontestable, aussi tombe-t-elle à bon droit sous l'application de la loi de 1850.

Certains banquiers ont l'habitude de calculer l'intérêt sur douze mois de trente jours, c'est-à-dire sur trois cent soixante jours, au lieu de trois cent soixante-cinq. Une telle méthode est de tous points usuraire. L'année consiste dans 365 jours et non dans 360. Or, la loi dit : l'intérêt sera *par année* de 5 0/0 en matière civile et de 6 0/0 en matière commerciale. Le banquier qui attribue à son profit exclusif un intérêt de cinq jours agit illégalement et sans honnêteté. Les tribunaux ont condamné à bon droit un tel mode de calcul. — Mais, direz-vous, l'usage admet une semblable perception. Cet argument est mauvais et dangereux. Que peut l'usage contre une loi impérative sanctionnée par une législation répressive. Encore une fois, quelle loi pourrait vivre s'il suffisait d'un usage contraire?

On ajoute avec une certaine naïveté : c'est afin de simplifier l'opération sans altérer notablement le résultat. Un tel aveu n'a pas besoin de réponse pour justifier l'application rigoureuse de la loi de 1850 répressive contre l'usure.

Le Cour de Grenoble, avait rendu le 1er avril 1846, un arrêt en faveur de l'usage, et de cette prétendue facilité des opérations. — La Cour suprême, avec justes motifs, a cassé une telle décision : « Attendu en droit, dit notamment cet arrêt, qu'aux termes de la loi du 3 septembre 1807, l'intérét légal en ma- en matière de commerce est fixé à 6 0/0 et que l'intérêt conventionnel ne peut excéder ce taux ; que le prêteur doit être condamné à restituer cet excédant s'il l'a reçu, ou à souffrir la réduction sur le principal de la créance. Attendu que, lorsqu'il existe une loi formelle on ne peut invoquer l'usage pour abroger ses dispositions, non plus qu'une prétendue facilité des comptes qui, fut-elle réelle, ne saurait prévaloir sur un texte exprès de la loi...... » 20 juin 1848, Dalloz 1848, 1 part. page 222.

Peut-on capitaliser des intérêts échus depuis moins d'une année, de six mois ou de trois mois, par exemple ? L'art. 1154 Code civ. est-il applicable en matière commerciale ?

Nous estimons que l'art, 1154, Code civ., doit être appliqué, surtout si nous le rapprochons de la loi de 1807. N'est-il pas évident que la capitalisation par six mois ou trois mois, élève le taux de l'intérêt bien au-dessus de 6 0/0. Alors que devient la loi limitative du taux de l'intérêt ? Assurément elle est violée au nom de l'usage et d'un usage illégal. La majorité des arrêts, après de longues hésitations, s'est prononcée en faveur de la capitalisation. MM. Delamarre et Lepoitvin se sont élevés en termes énergiques contre une telle doctrine : « Sans doute, disent-ils, une grande faveur est due aux transactions commerciales, et l'on n'en connaît pas qui la mérite plus, que le contrat de compte courant. Mais, permettre de s'en servir pour pratiquer l'usure, c'est détruire l'utilité et en faire un instrument de dommage. S'il est impossible, comme nous le reconnaissons, d'appliquer rigoureusement aux opérations en compte courant l'art. 1154, Code civil, d'après lequel, les intérêts échus des capitaux ne peuvent pas produire d'intérêts que lorsqu'i's sont dus pour une année entière ; du moins, faut il reconnaître que cet article est une loi d'ordre public sans laquelle il serait facile de se jouer impunément de celle dn 3 septembre 1807. Le commerce doit donc se conformer à l'esprit de ces lois. autant que le permet la nature des choses. L'usage adopte par plusieurs commerçants de capitaliser les intérêts tous les six mois. et par quelques-uns tous les trois mois, est une pratique manifestement usuraire, un abus criant que les tribunaux devraient réprimer. Cet abus entraîne la ruine d'un grand nombre de petits marchands qui ayant presque toujours besoin d'avances, et ne pouvant presque jamais les compenser par des remises, mais seulement par de nouvelles obligations se trouvent rapidement entraînés dans l'abîme. »

Malgré les efforts de la doctrine, nonobstant l'article 1154, et la loi de 1807, de nombreuses décisions judiciaires ont admis la capitalisation des intérêts même par trois mois. Encore une fois, nous regrettons une telle jurisprudence qui substitue les usages à la loi, surtout lorsque le texte et les motifs du texte sont aussi impératifs.

Tels sont les principaux modes d'usure employés en matière de prêt commercial ou civil. Nous trouvons encore. *La vente à réméré* bien connue *des usuriers ou agioteurs,* les ventes de marchandises, les prêts de deniers, les transactions, etc..... Il appartient à la justice de poursuivre énergiquement et de divulguer l'usure sous les divers contrats dont elle s'affuble.

Nous avons examiné le prêt à intérêt en matière civile ou commerciale, étudions maintenant quelle sanction législative a été apportée à la loi de 1807, étudions, dis-je, la loi du 19 décembre 1850.

CHAPITRE VIII.

DE L'USURE.

Loi des 19, 27 décembre 1850.

La loi du 19 décembre 1850 a complété celle du 3 septembre 1807, concernant la répression de l'usure. De même qu'en 1807, le législateur de 1850 a distingué deux sortes d'usures : l'une civile, l'autre criminelle.

La première résulte du seul fait de stipuler les intérêts au dessus du taux fixé par la loi.

La seconde, ou usure criminelle, est le résultat de l'usure civile plusieurs fois renouvelée.

Les actions qui naissent de ces deux sortes d'usures sont bien différentes.

§ 1. *Usure civile.*

L'art. 1. de la loi du 19 décembre 1850 est ainsi conçu :

« Lorsque dans un instance civile ou commer-
« ciale, il sera prouvé que le prêt conventionnel a
« été fait à un taux supérieur à celui fixé par la loi,
« les perceptions excessives seront imputées de
« plein droit, aux époques où elles auront eu lieu,

« sur les intérêts légaux alors échus, et subsidiaire-
« ment sur le capital de la créance. Si la créance est
« éteinte en capital et intérêts, le prêteur sera con-
« damné à la restitution des sommes indûment
« perçues, avec intérêt du jour où elles lui auront
« été payées. »

Ce texte a perfectionné l'art. 3 de la loi du 3 septembre 1807.

D'abord, il faudra que la victime de l'usure fasse la preuve du fait d'usure, preuve difficile, eu égard aux nombreux détours mis en avant pour cacher des perceptions illégales d'intérêts. Chacun sait que l'imagination des agioteurs est fertile en mille et mille moyens d'éluder la loi.

Le législateur autorise toutes sortes de preuves. Le rapporteur de la loi de 1850 s'exprimait en ces termes : « Enfin, nous avons retranché l'art. 7 de la proposition sur les preuves de l'usure ; même sous la loi de 1807, tous les genres de preuves sont admis en matière d'usure, quelle que soit la juridiction appelée à en connaître. » Néanmoins, on a demandé si l'on pourrait recourir à la preuve par témoins ? On a essayé de soutenir la négative, et les partisans de cette théorie ont eu recours à l'art. 1341 Cod. civ. lequel interdit de recevoir aucune preuve par té-moins contre et outre le contenu aux actes. Enfin, ont-ils ajoutés, il y a libre consentement à l'acte, usuraire il est vrai, mais étant en définitive le fait commun des deux parties.

Selon nous, les arguments de cette première doctrine ne portent pas. Ce n'est pas la preuve de l'existence du prêt que nous demandons à établir, dit un second système, c'est le fait d'usure, le fait illégal, que nous avons le droit et le devoir de prouver.

Il y a eu, dites-vous, consentement de part et d'autre à cet acte illicite. — Est-ce là un consentement valable? Est-ce que le législateur ne considère pas la victime de l'usure comme ayant agi sous l'influence d'une contrainte morale qui lui enlève sa liberté? A l'art. 1341, j'opposerai l'art. 1348. Enfin, si l'on venait à écarter la preuve testimoniale, les lois de 1807, de 1850 répressives de l'usure seraient une lettre morte. Depuis longtemps la jurisprudence est fixée dans le sens de la seconde théorie.

Avant la loi de 1850, qui a tranché la difficulté, l'art. 3 de la loi de 1807 donna naissance à une controverse des plus vives. On demandait si les sommes payées en trop par le débiteur, et que la loi ordonnait d'imputer sur le montant des sommes dues, intérêts d'abord, capital ensuite, étaient elles-mêmes productives d'intérêts au moment même des paiements faits par le débiteur.

Un premier système, qui était celui de la jurisprudence, enseignait la négative, se basant sur cette expression de la loi de 1807 : « Le prêteur sera *condamné* à restituer cet excédant s'il l'a reçu. » Ainsi disait cette doctrine, l'intention présumée du législateur paraissant affirmer que le point de départ des intérêts sera la condamnation, ou mieux le

commencement de l'instance, art. 1153, C. civ.
Enfin, affirmait cette doctrine, on doit appliquer
par analogie les dispositions de l'art. 1682, C. civ.
l'acquéreur lésé ne doit les intérêts ou les fruits que
du jour de la demande en rescision.

La théorie contraire nous semble préférable. Que
devait l'emprunteur ? un capital et des intérêts au
taux de cinq ou six pour cent. suivant le caractère
de la créance. A-t-il payé plus ? alors cet excédant
sur l'intérêt reconnu est illégal ; par suite, l'emprunteur est devenu à son tour créancier du créancier, la compensation s'est opérée de plein droit,
vu les art. 1239, 1290, 1291, etc. — On nous objecte
l'art. 1682, Code civ., au titre de la vente. Mais l'a-
nalogie que l'on prétend trouver n'est pas fondée,
elle est à peine dans les mots. La loi a-t-elle entouré
d'une égale protection l'emprunteur et l'acheteur ?
Non, encore une fois, on peut être forcé de recourir
à un emprunt, on n'est jamais contraint d'acheter
que je sache. L'analogie n'existe réellement pas. La
loi de 1807 n'a rien dit concernant le point de départ
des intérêts, et j'ajoute que l'intention même du
législateur de 1807 n'est pas plus explicite. Quant
à l'art. 1153, nous l'admettons, là où il doit être
admis, mais non dans l'hypothèse actuelle, qui est
une question de compensation et de paiement de
l'indu. Or, l'art. 1378, Code civ., nous dit : « S'il y a
eu mauvaise foi de la part de celui qui a reçu, il est
tenu de restituer tant le capital que les intérêts ou,
les fruits du jour du paiement. »

Est-ce que le prêteur ou l'usurier qui exige un taux supérieur à l'intérêt légal n'est pas un homme de mauvaise foi? dès lors, l'art. 1378, Code civ., est et doit être applicable. — Au point de vue de l'équité, cette théorie est irréfutable. Nous persistons à croire que le débiteur qui obtient le remboursement ou l'imputation sur le capital de l'excédant d'intérêts par lui payés a droit aux intérêts de cet excédant, à partir du jour où cet excédant a été touché illégalement par l'emprunteur.

La loi de 1850 a mis fin à la controverse en décidant, contrairement à la jurisprudence, que : « Les « perceptions excessives seront imputées de plein « droit, aux époques où elles auront eu lieu, sur les « intérêts légaux alors échus, et subsidiairement « sur le capital de la créance. — Si la créance est « éteinte en capital et intérêts, le prêteur sera con- « damné à la restitution des sommes indûment « perçues, avec intérêts du jour où elles lui auront « été payées. »

L'action en restitution est trentenaire à partir du paiement effectué partiel ou total, l'art. 1304 n'est pas applicable à notre matière.

§ II. *Usure criminelle.*

« Tout individu qui sera prévenu de se livrer « habituellement à l'usure, sera traduit devant le « tribunal correctionnel, et, en cas de conviction,

« condamné à une amende qui ne pourra excéder
« la moitié des capitaux qu'il aura prêtés à usure...»
(Art. 4 de la loi du 3 septembre 1807.)

« Le délit d'habitude d'usure sera puni d'une
« amende qui pourra s'élever à la moitié des ca-
« pitaux prêtés à usure, et d'un emprisonnement
« de six jours à six mois. » (Loi du 19 décembre
1850.)

La loi de 1850 a donc complété celle de 1807.
Sous cette dernière législation, l'usurier n'encourait
qu'une amende, le législateur de 1850 le frappe dans
ses biens ainsi que la loi de 1807, mais, de plus,
l'atteint dans sa personne et dans sa considération.
Art. 5 : « Dans tous les cas, et suivant la gravité
des circonstances, les tribunaux pourront ordonner
aux frais du délinquant l'affiche du jugement, et
son insertion par extraits dans un ou plusieurs
journaux du département. » Ainsi l'usurier encourt
une triple pénalité : 1° l'amende, 2° la prison. 3° l'in-
famie.

La loi de 1850 fut votée sur la proposition de
M. de St-Priest. S'appuyant sur les déclarations
émanées des tribunaux du Mans. de Châlons, de
Reims, cet honorable député affirma que partout
les mêmes plaintes se faisaient entendre. que dans
tel et tel ressort il y avait des gens qui tiraient des
intérêts jusqu'à 6 % par mois; que dans tel autre
l'intérêt monta à 12, 18, 24, et même 36 % par an.
— M. Paillet, rapporteur du projet de loi, s'exprimait en ces termes : « Sans doute, il ne faut toucher

qu'avec une grande réserve aux lois existantes ;
mais, la commission ne pouvait être sourde aux
plaintes nombreuses, qui témoignent hautement
des lacunes et de l'insuffisance de la loi de 1807. Il
est surtout plusieurs de nos départements, qui semblent voués plus particulièrement au fléau de l'u-
sure, et qui réclament des remèdes plus efficaces
contre un mal opiniâtre et invétéré... »

La triste prospérité de l'usure fut la cause déter-
terminante de la loi de 1850. A-t-elle atteint son
but ? a-t-elle remédié au mal ? Nous ne le pensons
pas. L'usure existe toujours et se dérobe aux atteintes de la justice sous une foule de moyens plus
ou moins habiles.

L'habitude seule constitue le délit. Il n'y a délit
que lorsque plusieurs prêts successifs entachés d'u-
sure ont eu lieu. Qu'entend le législateur par ce
mot habitude ? Est-ce un, deux, trois, quatre, ou
un plus grand nombre de faits usuraires, qui consti-
tuent le délit d'habitude d'usure ?

L'habitude ne peut résulter que de faits successifs et non de perceptions successives des intérêts
illégaux stipulés à l'occasion d'un seul prêt. D'après
certains auteurs, deux prêts successifs sont suffisants. D'après d'autres, il en faut trois, et même
quatre. C'est un point laissé en partie à l'appréciation
des tribunaux. Quant à nous, nous estimons qu'il en
faut au moins trois, lorsqu'il n'y en a que deux, on
peut dire que ce n'est qu'une simple réitération du
fait d'usure et non une habitude. Suivant la juris-

prudence de la cour suprême, l'article 638 code ins-
truction criminelle concernant la prescription des
délits, ne peut en matière d'usure être opposé, que
si, dans les trois ans qui se sont écoulés depuis le
dernier acte d'usure aucun autre fait de ce genre n'a
eu lieu. A première vue il semble que le point de
départ du délai soit la date du dernie prêt. La Cour
de cassation a encore décidé, que le point de départ
de la prescription était la date de la dernière perception d'intérêts usuraires. — Cassation, 19 juillet
1851. Dalloz, 51. 5ᵉ partie, page 538.

Une telle décision émanée de la cour suprême ne
laisse pas que de nous surprendre, après cette autre
jurisprudence de la même Cour qui décide que la
perception d'intérêts n'était pas considérée comme
un élément de délit. Or, ce qui n'est pas élément de
délit serait un élément capable de le continuer
et d'interrompre la prescription. « N'est-ce pas confondre, nous dit M. Bertauld, l'élément générateur
du délit et le profit tiré de cet élément? L'acte illicite est dans la stipulation. Le delit est dans l'ensemble des stipulations; c'est l'habitude de prêter
à usure que la loi reprime. Le délit existe indépendamment de la perception des intérêts extra-légaux,
et l'abandon de ces intérêts avant toute poursuite
n'effacerait pas l'infraction. » (Bertauld, cours de
code pénal, page 549).

L'article 3 de la loi de 1850 vise le cas de récidive,
que ne prévoyait pas la loi de 1806. « Après une
première condamnation pour habitude d'usure, le

nouveau délit résultera d'un fait postérieur, même unique, s'il s'est accompli dans les cinq ans à partir du jugement ou de l'arrêt de condamnation. »

Ce texte est en opposition flagrante avec l'article 1 de la loi du 3 septembre 1807. L'habitude d'usure a été punie par la première condamnation, elle ne pouvait par suite servir d'élément pour une seconde condamnation. La chambre a été entraînée à écarter les principes, pour sauvegarder la société contre l'usure.

Le droit d'intenter la poursuite correctionnelle appartient seulement au ministère public. La victime d'un fait isolé d'usure ne le pourrait.

La Cour de cassation dans un arrêt rendu, toutes chambres réunies, a décidé, contrairement aux conclusions de M. le procureur général Dupin, que la personne victime d'un fait isolé d'usure, n'avait pas qualité pour se porter partie civile, dans la poursuite du délit d'habitude d'usure dirigé par le ministère public.

« Qu'en ouvrant, dit l'arrêt, la voie civile pour la réparation du fait particulier d'usure, elle n'a ouvert la juridiction correctionnelle, et établi la répression pénale que contre celui qui se livre habituellement à l'usure : qu'ainsi, et devant la juridiction correctionnelle, le fait particulier d'exaction usuraire qui a été exercé à l'égard de tel individu, n'est que l'un des éléments dont la réunion composera le délit complexe d'habitude d'usure, mais ne reconstitue par lui-même, ni la cause de l'action

publique, ni la base de la condamnation penale,
ni par conséquent le délit, —d'où il suit que le dommage qui a pu résulter de ce fait particulier n'ayant
pas eté causé par un délit, l'action civile en réparation de ce dommage ne peut pas être portée devant
les tribunaux correctionnels, mais seulement devant les tribunaux civils. » (Cass. 4 novembre
1839).

L'article 4, qui prévoit le cas où le prêteur joint
à l'usure l'escroquerie, contient une dérogation au
droit commun. Aux termes de l'article 365, § 2,
inst. crim., en cas de conviction de plusieurs délits,
la peine la plus forte doit être prononcée. Par conséquent, on ne devrait, en principe, prononcer
contre l'usurier coupable d'escroquerie que les peines édictées par l'article 405 code pénal. Or, l'article 4 ne renvoie à cet article que pour la durée de
l'emprisonnement ; relativement à l'amende, c'est
la loi sur l'usure qui devra être appliquée. Ceci
nous prouve encore une fois que le législateur de
1850 ne trouvait de remède à l'usure qu'en accu-
mulant les pénalités.

CONCLUSIONS.

I. — ETAT DE LA QUESTION DEPUIS 1807-1874.

II. — LE TAUX DE L'INTÉRÊT DOIT-IL ÊTRE
RÉGLEMENTÉ.

I. — La loi de 1807 a déjà vécu plus d'un demi-siècle, malgré les attaques nombreuses dont elle a été l'objet de la part des économistes. Les disciples et continuateurs de Turgot et de Bentham n'ont cessé de reproduire et de renouveler les théories de ces savants maîtres sans ajouter à leurs attaques peu ou point d'arguments nouveaux.

La première discussion devant les représentants du pays eut lieu le 9 mars 1836. A cette date, M. L'herbette développait sa demande d'abrogation dans un remarquable discours. « La proposition que j'ai l'honneur de soumettre à la chambre, disait-il, est fondée sur les règles les plus évidentes du raisonnement, de l'équité, de l'économie publique, sur l'intérêt de l'emprunteur et du prêteur, comme sur celui de la société. » Reprenant la question à son berceau, la suivant dans l'histoire, recherchant les causes de défaveur du prêt à intérêt il lui assignait; la protection du pauvre contre le riche, la guerre si variée quant aux formes, mais toujours la même quant au fond, de ceux qui n'ont pas, contre ceux qui possèdent. « Voilà, disait-il, la cause de la haine de la liberté du prêt à intérêt, le motif de sa prohibition et ensuite de sa limitation. Il n'existe pas d'autres raisons. L'argent n'est pas stérile, l'emprunteur enlève au prêteur l'usage d'une chose productive, il lui fait courir un risque, par conséquent il lui doit légitimement une compensation. Or, cette compensation incontestable ne peut être légitimement fixée à l'avance par le législateur, elle doit varier selon les circonstances. La loi limitative est donc injuste; bien plus, elle est dangereuse, puisqu'elle force le débiteur à s'adresser à l'usurier. L'œuvre de 1807 fausse l'opinion en érigeant en délit légal un acte qui n'a rien d'illicite. Des deux personnes qui se réunissent pour le commettre, le prêteur seul est puni. Enfin le mal, résultat d'une telle limitation n'est compensé par aucun avantage.» Malgré l'éloquence et l'habileté de M. L'herbette le succès ne couronna pas ses efforts.

M. Dupin aîné, avec non moins de logique, repoussa la proposition, et deux vers de Marot cités par lui, triomphèrent de tous les raisonnements. Quand le code civil a été promulgué, disait M. Dupin, on sortait d'une révolution qui avait rendu tout permis. On avait dit : *L'argent est une marchandise, mensonge, absurdité, puisque l'argent est un signe.* Cette déclaration souleva une violente interruption de la part des économistes, à laquelle l'orateur répondit avec force : « Je ne crains pas les économistes. ni leurs soulèvements, ce n'est pas ici pour moi une simple question d'économie politique, mais une question de haute législation, de morale et d'expérience. »

En 1850 la question fut de nouveau soumise au vote du législateur, avec cette différence, qu'en 1836 on réclamait l'abrogation de la loi de 1807, tandis qu'en 1858, on voulait une sanction plus énergique contre l'usure. Ce fut incidemment que la demande d'abrogation fut posée. A cette époque, Proudhon développait les principes de l'école socialiste, et par suite de l'illégimité du prêt à intérêt. « Nous la nions avec le Judaïsme et le paganisme, avec tous les philosophes et les législateurs de l'antiquité. Car vous remarquerez ce premier fait qui a bien aussi sa valeur, l'usure n'a pas plutôt paru dans le monde. qu'elle a été niée. Les législateurs et les moralistes n'ont pas cessé de la combattre, et s'ils ne sont pas parvenus à l'éteindre, du moins ont-ils réussi jusqu'à un certain point à lui rogner les pouces en fixant une limite au taux de l'intérêt. » (gratuité du crédit p. 36).

La lutte de Proudhon avec Bastiat est restée célèbre. Ce dernier réfutant avec verve et habileté chacun des arguments du grand prêtre du socialisme, le contraignait à recourir à des raisons qui ne sont plus celles de la science et de l'urbanité. Je veux dire l'outrage et l'insulte. Dans sa fureur véritablement frénétique il s'écriait :

« Va donc, capital, va, continue d'exploiter ce

misérable peuple! consume cette bourgeoisie hé-
bétée, pressure l'ouvrier, rançonne le paysan, dé-
vore l'enfance, prostitue la femme et garde tes fa-
veurs pour le lâche qui dénonce, pour le juge qui
condamne, pour le soldat qui fusille, pour l'esclave
qui applaudit... Malédiction sur mes contempo-
rains. » (Proudhon. 4° lettre à Bastiat p. 157). En
présence de tel'es imprécations, on éprouve non
pas seulement un profond sentiment de tristesse
mêlée de pitié, mais une véaitable frayeur.

L'amendement de M. de Sainte-Beuve adopté par
M. l'Herbette ne fut pas pris en considération. Dans
le cours du débat, le champion de 1836 renouvela
ses arguments avec un talent non moins remarquable. « J'avais, dit-il, en 1836 déposé une proposition que M. de Sainte-Beuve reproduit aujour-
d'hui, la proposition d'abolir la loi de 1807, de laisser toute liberté au commerce de l'argent. Cette proposition était radicale, et conséquente, elle a donné
lieu à une longue discussion, mais n'a pas triomphé.
Je n'en espérais pas le succès. La Chambre d'alors
n'était pas mûre pour ces questions ; ses idées en
économie politique n'étaient pas assez avancées. Je
ne voulais que poser des jalons pour l'avenir, pour
un avenir que je ne crois pas arrivé. J'avoue que
cette proposition ne me parait pas encore aujour-
d'hui avoir des chances favorables... »

Les jurisconsultes de l'Assemblée accusaient le
projet tel qu'il était formulé, d'être illogique, incon-
séquent, et concluaient à son rejet. M. Valette

s'exprimait en ces termes. « Je finis en disant à l'Assemblée, qu'en maintenant la loi de 1807 et en rejetant cette proposition exagérée, elle est dans le vrai : et quand on voudra abaisser le taux de l'argent on y arrivera non par des mesures de la nature de celle-ci qui frappe en aveugle, sans utilité, sans résultat fructueux, mais par des institutions, par des améliorations dans le régime du crédit, par des fondations de banques, etc. »

La discussion émanée d'esprits aussi élevés et aussi compétents fut vive et énergique, il s'en fallut de quelques voix que l'ensemble du projet ne fut écarté.

La question reparut en 1857 à propos de cette exception admise par le législateur en faveur de la Banque de France. Les promesses du gouvernement firent songer, sinon à une prochaine abrogation, du moins à une révision de la loi de 1807, ainsi que nous l'avons constaté en étudiant le taux de l'intérêt.

Plusieurs pétitions adressées au Sénat en 1861 dans le but de faire ressortir les inconvénients de la loi et d'en hâter l'abrogation furent repoussées. Nous retrouvons dans cette lutte M. Dupin, le même qui en 1836 répondait à M. l'Herbette.

Les opinions du savant et illustre magistrat étaient demeurées inébranlables. Son discours est empreint du même esprit, et de la même éloquence. Il stigmatise l'usure avec force et vérité en s'écriant : « Mais il y a dans le commerce comme dans tous les états, la corruption, la dégradation aux derniers rangs ; il y a à côté du banquier, du grand capitaliste de Paris, le prêteur des campagnes, le prêteur du cabaret, l'homme qui est dans toutes les foires, dans tous les marchés, à l'affût des besoins du paysan, du petit propriétaire, et qui les ruinera sans ménagements. Dans vos villes mêmes, l'usurier épiera les défauts, les scandales de vos fils de famille pour fournir à leurs folles dépenses en leur faisant souscrire des obligations onéreuses et signer leur ruine au bout de quelques années... »

Ce tableau est d'une exactitude incontestable ; il n'est personne dans les petites villes et dans les campagnes, qui ne connaisse les gens de cette sorte et les indique du doigt. Les efforts de l'usurier tendent à surprendre les moindres faits qui pourront amener une proie sous ses griffes. Son intelligence est tout entière occupée à préparer les ruses qui faciliteront sa tâche. Toute sa vie, lorsque la justice répressive ne parvient pas à l'atteindre, est un tissu de rapines et d'infamies.

En 1867, la loi sur le taux de l'intérêt fut l'objet d'une enquête devant le conseil d'État. Les chambres de commerce et le notariat notamment furent appelés à donner leurs avis sur une aussi grave question. Un grand nombre de membres se prononcèrent pour le maintien pur et simple de la limitation, les autres pour son abrogation, quelques-uns réclamèrent la liberté en faveur du taux commercial, et demandèrent la limitation de l'intérêt en matière civile.

M. Wolowski dans un brillant exposé revendiqua la liberté pleine et entière du taux de l'intérêt, tant en matière civile, qu'en matière commerciale. Les arguments fournis à l'appui de son opinion, furent à peu de chose près ceux de l'économie politique, développés en 1836, en 1850 et en 1862. L'illustre économiste parlait avec une autorité d'autant plus grande, qu'il est le fondateur de l'un de nos plus grands établissements financiers, dont la prospérité n'a cessé de croître. M. Wolowski rappelant l'exemple des autres peuples concluait avec force en faveur des principes de Turgot.

Les résultats de cette enquête n'ont pas été soumis aux représentants de la nation. Le législateur n'a pas été appelé à se prononcer. Ce n'est que le 27 janvier 1874 que sur la proposition de M. Limpérani, M. Sacase député à l'Assemblée nationale déposait un rapport concluant au maintien pur et simple de la loi de 1807.

Ainsi donc, l'abrogation de la loi de 1807 a été législativement réclamée en 1836, en 1850, en 1857, en 1862, en 1867, et enfin en 1874. S'il nous était possible de passer en revue tout ce qui a été écrit depuis le commencement du siècle sur cette question, nous verrions que le débat est loin d'être terminé. En attendant, exposons rapidement notre appréciation bien timide il est vrai, mais que nous a fourni l'étude à laquelle nous nous sommes livrés, et demandons-nous à notre tour s'il est rationnel, s'il est nécessaire, que le législateur maintienne une limitation dans le taux de l'intérêt ?

Avant tout, il est une opinion que nous tenons à réfuter, c'est celle qui réclame la liberté en matière commerciale, et la limitation du prêt civil.

Une telle doctrine se réfute par ses conséquences. — Le prêt commercial, en vertu de cette liberté du taux de l'intérêt. attirera à lui tous les capitaux au détriment des prêts civils. L'agriculture, la propriété grande et petite manqueront d'argent. Les placements hypothécaires eux-mêmes seront abandonnés. Alors à l'aide de quelles ressources, le propriétaire, le cultivateur momentanément gênés feront-ils les améliorations nécessaires, non-seulement à la prospérité, mais même à l'entretien de leurs terres? La propriété foncière qui est une des sources vitales du pays exige que l'on y songe. Or, il n'est aucun capitaliste qui veuille consentir un prêt civil lui rapportant 5 0/0 de préférence à un prêt commercial dont le taux pourra s'élever à 8 ou 10 0/0, que sais-je.

Le nombre des gens qui désertent la campagne et les professions utiles pour courir le plus souvent après des rêves, s'accroîtra dans une proportion désastreuse. Rappelons-nous cette courte et trop longue période de liberté du taux de l'intérêt, qui dans l'exposé des motifs de la loi de 1807 faisait dire à M. Jaubert : « N'avez-vous pas vu naguère encore au grand scandale des mœurs des tourbes d'hommes jadis voués aux travaux de l'agriculture, aux arts, aux professions libérales, aux métiers se précipiter avec fureur dans les gouffres de l'agiotage... » Le notariat partisan de la loi de 1807 préférerait une liberté pleine et entière à une telle situation qui serait immorale et injuste.

Je dis injuste. Le prêteur en matière civile qui livrerait son argent à 6 ou 7 0/0, je suppose, serait poursuivi comme coupable d'usure, tandis que son voisin, prêteur comme lui, mais le donnant au commerce, pourrait en toute sécurité, disons mieux, en toute honnêteté prélever 15 au 20 0/0. Le premier de part la loi serait un usurier, tandis que le second serait un honnête homme.

Une telle loi serait immorale. Le commerçant qui contracterait un emprunt avec des intérêts de 25, 30, 40 0/0, ne serait assurément pas libre. Il signerait une telle obligation avec le désespoir que donne la gêne, la crainte de la faillite. Pouvez-vous dire qu'un tel homme. réduit à une telle extrémité, agit en parfaite connaissance de cause ? Or, cet emprunteur malheureux a droit à la protection du législateur contre son malheur, contre la rapacité d'un prêteur exigeant qui sait n'avoir plus rien à redouter de la justice repressive. Enfin, que deviendraient l'art. 585, C. com. et les sages dispositions édictées en pareille matière ! Cette doctrine est, croyons-nous, très-dangereuse.

Selon nous, le taux de l'intérêt doit être réglementé par le législateur.

Les arguments des économistes qui prétendent que le taux de l'intérêt doit être laissé à l'appréciation des parties contractantes, sont les suivants, je les résume aussi fidélement que possible :

1° L'argent est une marchandise. Le capitaliste étant propriétaire de son argent, a le droit d'en disposer comme il veut, et, de même qu'il loue et vend sa terre ou sa maison le plus avantageusement possible, de même il doit pouvoir retirer de son capital le taux d'intérêt le plus élevé qu'il pourra.

2° Pourquoi empêcher l'homme jouissant de toutes ses facultés, de débattre lui-même le taux de l'intérêt?

3° L'intérêt même de l'emprunteur réclame l'abrogation de la loi de 1807, avec un tel monument législatif, il est à la merci de l'usurier qui lui fait payer les risques de la répression.

4° L'abrogation de la loi de 1807 et de toute limitation fera naître la concurrence, dont la conséquence sera de faire baisser le taux de l'intérêt qui ne peut être raisonnablement fixe par le législateur, en présence des variations multiples de l'argent.

I. Non, l'argent n'est pas une marchandise ordinaire. Je ne rappelerai pas le décret du 17 prairial 1793 et les conséquences désastreuses qu'entraîna une telle déclaration. On m'accuserait d'avoir substitué à un raisonnement des faits que les économistes croient devoir attribuer à l'état de trouble dans lequel se trouvait alors le pays. Je constate seulement que le décret du 17 prairial fut rapporté

au bout de quelques mois et, apparemment, ce ne
fut pas à cause de ses immenses avantages. —
L'argent, en passant à l'état de monnaie, acquiert
des qualités qui en font une valeur exceptionnelle.
Un négociant sera parfois obligé de vendre ses
produits, poussé par le besoin, ou la crainte d'une
détérioration. Un capitaliste ne sera jamais forcé
de livrer son argent. L'argent n'est donc pas une
marchandise ordinaire. De l'aveu même des économistes, la monnaie possède ce caractère particulier
qu'elle sert de mesure à tous les produits et d'instrument général d'échange. La monnaie, chacun le
sait, n'est pas une production naturelle. Le gouvernement la crée en ce sens qu'en constatant offi-
ciellement sa valeur qui résulte du poids et de la
qualité du métal; en la frappant à son effigie, il lui
donne seul ses caractères et avantages, telle que la
rapidité de circulation qui en font l'utilité. L'État
a donc, par suite, le droit de réglementer ce mode
de richesse qui est jusqu'à un certain point sa création.

J'estime que le législateur a le droit et le devoir
de limiter le taux de l'intérêt, lorsque l'utilité publique réclame une telle restriction à une liberté
qui pourrait devenir dangereuse. L'histoire nous le
prouve surabondamment. Le droit de l'État est incontestable et j'affirme que sur le terrain juridique
la question reste pleine et entière. Tous les raisonnements ne sauraient détruire un pouvoir, que
quelques-uns pourront trouver exagéré, mais qui,

selon nous, n'est que juste. — La propriété est inviolable, dites-vous, c'est vrai ; mais avec le respect des lois qui la réglemente, suivant l'intérêt public.

« Une propriété particulière, s'écriait Mirabeau à l'Assemblée constituante, est un bien exquis, en vertu des lois. La loi seule constitue la propriété, parce qu'il n'y a que la volonté politique qui puisse opérer la renonciation de tous, et donner un titre commun, un garant à la jouissance d'un seul. » (Buschez et Roux, *Histoire parlementaire*, t. V. p. 325).

M. Faure, dans son rapport au Tribunat s'exprimait en ces termes : « Le propriétaire d'une chose a le droit d'en user comme il le juge à propos ; qu'il la conserve ou qu'il la détruise, qu'il la garde ou qu'il la donne, il en est le maître absolu. Sans doute, sa liberté peut en certains cas être limitée par des lois ou des réglements, mais cette limitation n'a lieu que lorsqu'elle est commandée par un intérèt plus puissant ; elle n'est établie que pour le bien général auquel l'intérêt particulier doit toujours céder... »

Le droit de propriété du capitaliste est inviolable sauf le respect des lois que le législateur a cru devoir établir. Est-ce que le législateur, en proclamant une loi limitative du taux de l'intérêt, n'a pas obéi à une utilité puissante ? Rappelons-nous donc cet exposé si clair et si vrai des motifs de la loi de 1807. Rappelons-nous, ce qu'a produit cette liberté pleine et entière. Lisons les plaintes des tribunaux et chambres de commerce. Et vous demandez une abrogation selon vous favorable. J'ignore, si le commerce en 1876 serait dans une toute autre disposition qu'en 1807. Ce que je constate, et affirme bien haut, c'est le droit qu'a le législateur de réglementer cette partie de la propriété. Elle est inviolable et néanmoins l'intérêt public a fait enfreindre ce grand principe, notamment en matière d'expropriation publique. Or, personne ne se plaint. Nous trouvons encore les prohibitions de défricher, la loi sur la taxe de la boulangerie, et cet autre principe de la rescision en matière de lésion. — Ce sont là autant d'atteintes au droit de propriété dont nul ne conteste le droit et la juste nécessité; nous en disons autant du prêt à intérêt. Le législateur a le droit dans l'intérêt public d'apporter une limitation à ce contrat et c'est au nom de l'équité, au nom de l'histoire que nous l'affirmons.

II. Pourquoi dit-on, ne pas laisser les parties libres de traiter à leur guise et volonté ?

C'est que la loi a considéré qu'une protection était indispensable au bon ordre de la société. Elle a observé, que l'emprunteur n'était pas toujours en situation de donner ce consentement valable, constitutif du contrat parfait. Le législateur a donc dans l'intérêt du débiteur édicté une loi de protection, qui est en même temps un monument d'ordre public.

Théoriquement, le prèteur et l'emprunteur sont capables de discuter leurs intérêts, nous l'admettons jusqu'à un certain point. Mais, est-ce qu'en pratique, et même en théorie, il n'est pas établi, que le débiteur est plus ou moins à la merci du créancier ? est-ce que ce dernier n'exploitera pas trop souvent sa gêne ? celui qui emprunte a besoin d'argent, par suite n'est pas dans une situation favorable pour combattre les prétentions du capitaliste et presque toujours il subira ses exigences, l'expérience de chaque jour nous le demontre plus qu'à suffire ; que sera-ce donc lorsque la liberté du taux de l'intérêt sera proclamée !

On nous objecte le contrat de louage et le contrat de vente. Est-ce que ces deux contrats ont jamais occasionné les malheurs du prêt à intérêt ? La différence est essentielle entre ces deux actes et le prêt à intérêt. « L'argent, nous dit M. Sacase, est l'instrument nécessaire de toutes les transactions que le pauvre et le riche sont contraints de louer, le riche quelquefois, le pauvre toujours et ce qui fait justement que la misère peut-être si facilement exploitée. L'élévation de l'intérêt n'est que le prix de la misère qu'on exploite, est-ce la misère qu'on exploite, quand la location d'un immeuble se conclut à un prix trop élevé ?

III. En abrogeant la loi de 1807, vous enlevez la dernière pudeur à l'usurier. D'abord, il n'existera plus d'usuriers, chacun étant libre de traiter à sa fantaisie. Le capitaliste prélévera. les intérêts qui lui conviendront, et vous n'aurez plus le droit de poursuivre le créancier qui aura stipulé un taux de 50 0/0 et plus, il vous répondra : le taux de l'intérêt est illimité, en outre, je craignais l'insolvabilité de mon débiteur, et c'est en vertu de cette crainte, que je lui ai fait connaître ma prétention, et qu'il l'a acceptée librement et volontairement. — On nous dit, que sous la loi de 1807 l'usurier prélève une prime pour les dangers de la répression. Eh bien cette prime avec l'abrogation des lois de 1807 et de 1850 disparaîtra il est vrai, mais ne profitera pas au débiteur, et les capitalistes n'en percevront pas moins un taux exorbitant.

Il ne s'agit pas ici d'enfants prodigues, grands ou petits. Il ne s'agit pas des fous ou imbécilles, la loi les protége, mais il s'agit d'un principe théorique et pratique en faveur de l'emprunteur que la loi doit protéger suivant son droit et son devoir.

IV. La concurence naîtra, dit-on, de l'abrogation de la loi 1807.

Nous ne le pensons pas. Examinons un peu le passé et voyons si le taux de l'intérêt a varié depuis la loi du 3 septembre. Cette œuvre législative a limité à 5 0/0 l'intérêt civil et à 6 0/0 l'intérêt commercial. Or, dans cette longne période de près de soixante-dix ans l'argent a subi des variations, il a été parfois recherché, parfois très abondant. Est-ce que le taux de l'intérêt ne s'est pas constamment maintenu à 5 ou à 6 0/0 ? Nous comprenons bien, qu'il ne pouvait légalement dépasser cette limite, mais lorsqu'il envahissait le marché, il nous semble que le principe de la hausse et de la baisse aurait dû le faire descendre au dessous de 5 et de 6 0/0.

N'est-ce pas un axiome d'économie politique que celui qui consiste à dire : que plus une chose est demandée, plus les prétentions du vendeur sont excessives; enfin que le prix est moins élevé suivant que les offres de la demande sont moins nombreuses. Comment alors expliquer que le taux de l'intérêt n'ait pas subi les fluctuations du marché. . éanmoins vous nous affirmez que la concurrence par l'abrogation de la loi de 1807 fera baisser le taux de l'intérêt. Bien loin de là, je déclare qu'elle le portera à des hauteurs extrêmes. Chacun s'efforcera de retirer le plus d'argent possible de son capital, et selon nous, c'est une grave erreur d'introduire un tel axiome dans notre question. Il suffit de considérer la différence qui existe entre les marchandises ordinaires et l'argent. puis de songer à la passion du gain, qui est au fond du cœur de l'homme, passion violente et terrible, pour se convaincre de l'impossibilité de la baisse de l'intérêt par la concurrence. Selon nous, le moyen qui satisfera les intérêts du prêteur et de l'emprunteur se trouve dans la fondation de maisons de crédit sérieuses, et dans une sage réglementation qui tiendra compte de l'état du crédit.

Avec l'abrogation de la loi de 1807, quelle sera la durée des emprunts? quel en sera le taux? Le capitaliste limitera la durée du prêt à un délai très-court ou bien, il stipulera un intérêt bien plus élevé; en sorte que, d'un côté comme de l'autre l'emprunteur sera toujours exploité et le créancier n'aura rien à craindre. En effet, si le taux est trop faible, il ne prêtera pas, préférant conserver ses capitaux dans l'attente de l'élévation de l'intérêt ou leur donner une autre destination, tandis que par une sage limitation, ses capitaux ne resteront pas improductifs. Enfin, nous n'assisterons pas à toutes ces spéculations de l'agiotage qui après avoir englouti rapidement tant de fortunse serviraient à l'édification d'une honteuse prospérité toute empreinte de spoliations.

L'essai d'une telle concurrence a été tenté, nous en connaissons les déplorables résultats. En conséquence, l'histoire en main, nous repoussons dans l'espèce le principe d'économie politique qui veut que la baisse du taux de l'intérêt soit produite par la concurence et l'abrogation de la loi de 1807.

Nous avons vu que, depuis plus de quarante ans, la loi de 1807 était l'objet d'une critique et d'une lutte énergiques. On dirait que cette loi, et celle de 1850 ont été une cause d'entraves pour le commerce et l'industrie. Il n'en est rien : bien au contraire, nous puisons un argument d'une valeur incontestable au maintien de la limitation de l'intérêt dans le développement sans cesse grandissant du progrès. — Laissons la parole à M. Sacase : « Jamais les opérations du commerce n'ont été, au contraire, ni plus actives, ni plus sûres que sous leur autorité. N'est-ce pas dans la période de paix qui suivit la chute de l'Empire et qui favorisa la reprise des travaux industriels, que le commerce a reçu dans notre pays un essor parallèle à celui qui s'est produit en Angleterre? L'argent a-t-il donc manqué pour le seconder? Et quand prit naissance ce système de viabilité puissante et rapide qui tend à renouveler la vie sociale et économique des peuples, les capitaux n'ont-ils pas afflué pour en assurer l'exécution, et en faciliter le développement? qu'on déduise par la pensée ce qui a été dépensé, depuis un demi-siècle, en travaux d'utilité publique seulement, et on restera confondu !

Chose remarquable et contradiction bien étrange ! C'est sur l'extension prodigieuse du commerce et de l'industrie depuis cinquante ans, qu'on se fonde. pour demander le changement d'une loi qu'on dit surannée et incompatible avec les besoins nouveaux. Dans les calculs de ceux qui veulent son abrogation, l'escompte des billets de la Banque de France a, depuis 1807, plus que décuplé. Il en est de même du mouvement général des caisses de la Banque en espèces, billets et virements. Enfin, le commerce extérieur a plus que quadruplé dans cette même période d'un demi siècle. La conclusion s'offre d'elle-même : la loi de 1807 n'a donc pas été un obstacle à cette extension de notre commerce national et à ce mouvement prodigieux de circulation qui s'est faite entre nos grandes places et celles de l'Europe.... »

En conséquence, rapprochant cette prospérité incontestable, des principes légitimes de la réglementation du taux de l'intérêt, nous croyons qu'une liberté absolue, bien loin de développer encore l'agriculture, l'industrie et le commerce les paralyseraient.

Notre conviction se base notamment sur l'histoire, sur l'expérience et sur l'état financier de notre pays.

POSITIONS.

DROIT ROMAIN.

I. — L'expression *Unciarium fœnus* de la loi des XII Tables, doit être traduite par ces mots : Intérêt du douzième du capital. L'*Unciarium fœnus* représentait l'intérêt d'une année.

II. — Le paiement des intérêts continué pendant longtemps, faisait présumer la convention d'intérêt régulièrement formée au profit du créancier.

III. — Le principe des intérêts judiciaires, distinct de celui des intérêts moratoires et admis dans les actions de bonne foi, n'avait pas été étendu aux actions de droit strict.

IV. — Les offres réelles n'arrêtent pas le cours des intérêts conventionnels lorsqu'elles ne sont pas suivies de consignation, sauf pour le cas spécial d'antichrèse.

V. — Le *Nauticum fœnus* est un *mutuum* régi par des règles particulières.

VI. — Le pupille qui a traité sans l'autorisation du tuteur est obligé naturellement bien qu'il ne soit pas devenu plus riche.

VII. — Les solutions opposées, fournies par la loi 34, D. *de Mandati* d'Africain et par les lois 11 et 15 D. *de rebus creditis* d'Ulpien, s'expliquent par le progrès de la jurisprudence.

DROIT CIVIL FRANÇAIS.

I. — La prescription de cinq ans édictée par l'article 2277, C. civil s'applique aux intérêts moratoires.

II. — Pour faire produire des intérêts aux intérêts la convention prescrite par l'art. 1154, C. civil ne peut précéder l'échéance des intérêts qu'elle doit rendre productifs.

III. — La femme peut se prévaloir des dispositions de l'art. 1473, C. civil, lors même qu'elle renonce à la communauté.

IV. — Une demande de capital et intérêts formée devant un tribunal incompétent ne fait pas courir les intérêts.

V. — Le dépositaire qui a fait usage de l'argent à lui confié sans la volonté du déposant n'est pas tenu des intérêts.

VI. — L'escompte est soumis aux prescriptions de la loi du 3 septembre 1807.

VII. — L'action en restitution des perceptions usuraires est prescriptible par trente ans.

VIII. — Le taux de l'intérêt peut être prouvé par l'aveu de l'emprunteur, par son interrogatoire sur faits et articles. Le serment décisoire peut lui être déféré.

IX. — On peut stipuler valablement que les intérêts seront payables avec le capital. L'art. 2277, C. civil recevra son application cinq ans après l'échéance.

X. — Quel que soit le dommage éprouvé par le créancier, les intérêts moratoires ne peuvent être élevés au-dessus du taux légal.

XI. — Aux termes de l'art. 29, C. pénal le condamné placé par l'effet de sa condamnation en état d'interdiction légale, possède comme l'interdit pour cause d'imbécilité, de démence ou de fureur une hypothèque légale sur les biens de son tuteur.

XII. — D'après la loi du 30 juin 1838, il ne peut être nommé à l'individu non interdit placé dans une maison d'aliénés, un tuteur *ad hoc* à l'effet d'intenter, ou même de continuer une demande en séparation de corps basée notamment sur l'adultère de son conjoint.

HISTOIRE DE DROIT.

I. — Les expressions de la loi des XII Tables que nous fait connaître Aulu-Gelle, nuits attiques XX, 1, doivent être prises à la lettre.

II. — A l'origine les romains connaissaient les voies d'exécution sur la personne et sur les biens des débiteurs.

III. — Par le *Nexum*, le débiteur engage seulement son travail pour l'acquittement de sa dette. Le *Nexus* n'est pas esclave.

IV. — La constitution de rente a été inventée pour éluder les prohibitions qui frappaient le prêt à intérêt.

DROIT COMMERCIAL.

I. — En règle générale, l'autorisation de justice ne peut suppléer celle du mari afin d'habiliter la femme à faire le commerce.

II. — L'usage adopté par plusieurs commerçants de capitaliser les intérêts tous les trois mois et même tous les six mois, est une pratique usuraire.

III. — Le banquier qui perçoit un droit de commission pour un prêt d'argent d'une nature purement civile commet un acte usuraire.

PROCÉDURE CIVILE.

I. — La comparution volontaire des parties devant le juge de paix produit en cas de non conciliation les effets que l'art. 57, C. proc. c. attribue à la citation.

II. — Le défendeur étranger, non autorisé à établir son domicile en France, ne peut exiger du demandeur étranger la caution *judicatum solvi*.

DROIT CRIMINEL.

I. — La personne victime d'un fait isolé d'usure a qualité pour se porter partie civile dans la poursuite d'habitude d'usure dirigée contre l'usurier par le ministère public.

II. — Le tuteur administre les biens du mineur à titre de mandat ; en conséquence le fait par un tuteur d'avoir detourné ou dissipé des valeurs appartenant à son pupille, tombe sous l'application de l'art. 408, C. pénal.

DROIT DES GENS.

I. — Les intérêts stipulés en pays étranger, suivant la loi du pays, peuvent être exigés en France, alors même qu'ils excèdent le taux fixé par la loi française.

II. — La femme d'un étranger n'a pas d'hypothèque légale sur les biens de son mari situes en France, sauf les traités contraires.

Vu : le Président de la Thèse,
BUFNOIR.

Vu par le Doyen,
G. COLMET-DAAGE.

Vu et permis d'imprimer,
Le Vice-Recteur de l'Académie de Paris.
A. MOURIER.

TABLE DES MATIÈRES.

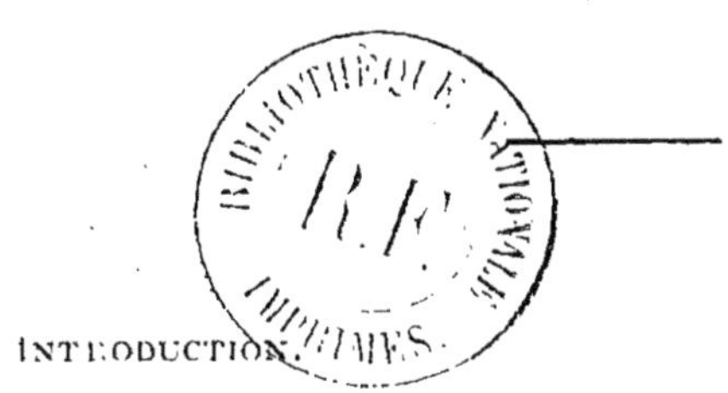

DROIT FRANÇAIS.

CODE CIVIL.

Paris. — Imp. F. Pichon, 51, rue des Feuillantines, et 14, rue Cujas.

IMPRIMRIE SPÉCIALE DES THÈSES DE DROIT

F. Pichon, 51, rue des Fouillantines.